エクセル方眼紙

で文書を
作るのは
やめなさい

「他人の後始末」で、もうだれも
苦しまない資料作成の新常識

四禮静子
SHIREI SHIZUKO

JN009303

技術評論社

はじめに

「他人の後始末」ほど嫌われる作業はない

　あなたが仕事をするときに気をつけていることは何ですか？

「新しいクライアントに会うとき、第一印象がよくなるように心がける」
「日常業務は効率よくこなす努力をする」
「仕事仲間に迷惑をかけないように、自分の仕事に責任を持つ」

　ほかにも、気をつけていることはたくさんあることでしょう。

　自己中心的でミスが多く、だれかから言われるまで行動しない人は、嫌われますよね。これは資料作成という業務でも同じはず。それなのに、なぜ多くの人が自己中心的で非効率で、まわりに迷惑をかける資料を作ってしまうのでしょうか？

　相手のことを考えず、自分だけわかればいい、見栄えがよければそれでいい、と自己満足な資料作成をすることで、あなたが知らない間に「他人に後始末」をさせていることがあるかもしれません。たとえば、下図の資料に心当たりはありませんか？　これは、Word でも Excel でも見られる「スペースで作った入力欄」です。この欄に文字を入力すると、レイアウトがズレてしまいます。

▶ 見栄えがよくても入力するとレイアウトが崩れる

Wordであれば編集記号を表示してみることで、入力欄がスペースで作成されているのがわかります。入力した文字数にあわせてスペースを削除しなければ文字の配置は整いません。

▶ 編集記号を表示してみると、欄の作成方法がわかる

申込日←	□2020□□□□年□□□□12□□月□1□日←	電話番号	□□□03□(□3842□□□□□□)□6453□□□←

氏名・住所・生年月日ほか、たくさんの入力欄がこんな調子では「申し込みやめた！」となりかねません。ほかにも、

・前任者が文章主体の資料までExcelで作成したので、再編集できず作りなおさなければならない
・長文の資料がダラダラと入力されていて読む気がしない。書式の統一をやり直さなければ読みづらく目次の自動更新もできない
・リスト表の項目にフィルターをかけたらセルが結合されていて使用できない。セルの結合をすべて解除し、整理しなおさなければならない
・社内で使用している資料が「こんな作成方法は周囲が迷惑する」とわかっていながら、使いまわして作りなおさない

……などなど、「他人の後始末」で頭を抱えるケースはどんどんでてきます。特に社外資料では「あ〜、あそこの会社ね。PCスキル低い会社だから」「直接言えないけどホント勘弁してほしいよね」という声を耳にします。資料の作り方は、会社のイメージまで変えてしまいかねないのです。

このように、みんなを苦しめる「他人の後始末」をさせる資料はなぜ生まれてしまうのでしょうか？

それは**時代にあった資料**になっていないからです。

申込書や申請書などの書類をもらい、ペンで記入して提出する時代はもはや過去のもの。住民票や印鑑登録証明書の交付申請書なども「ホームページからダウンロードして使用してください」と配布の仕方が変わりました。さらに、ダウンロードした書類に直接入力して送り返す、というようにオンライン化へ時代は流れています。これは申請書などのフォーマットに限った話ではありません。長文資料やリスト表なども、クラウド上でファイルを共有しています。

オンラインを通じた業務が増えている今、Word や Excel ファイルでやりとりしても「再編集しやすい・使いやすい」資料が求められているのです。

また、それに応じて最適な作り方も変化しました。たとえば、よく話題になる「エクセル方眼紙」は、資料を印刷して手書きが前提だった時代の産物であり、今の時代に即していないから是非が問われるのでしょう。時代にあった資料を作成するには、以下3つを意識する必要があります。

共有相手の「スキル」

「私はほかの人より Word や Excel が使える」と自分のスキルに自信がある方もいらっしゃるでしょう。ですが、資料を利用する相手が、あなたと同等もしくはそれ以上のスキルの持ち主とは限りません。やっと Word や Excel が使える程度かもしれないのです。それなのに、複雑な数式を組むなど、わざわざ難しげなやり方で資料を作成し共有してしまえば、

「まちがって数式を削除して直せない！」
「文字を入力したら枠からはみ出して直せない！」

など大惨事になりかねません。読んでおしまい！という資料ではなく、再利用を目的とした不特定多数の方に向けた資料では、どんな方にも使いやすく入力しやすい資料作成を心がける必要があります。

共有後の「資料の使い道」

　入力済みの申込書が集まったあと「入力データをまとめた一覧表を作成してほしい」と言われたら、あなたならどうしますか？

　データで入力してある氏名や生年月日などを再度別のシートへ入力しなおすより、コピーして貼り付ければミスもなく手間も省けます。ところが、申込書の入力欄に「セルの結合」を使用していると、入力データのコピー&貼り付けが、たいへんな手間になります。また、共有するリスト表に「セルの結合」を使用すると、フィルターが使用できない、並べ替えできないなどの支障も発生してしまうのです。

　このように「資料の使い道」を考えて作成できるかどうかで、共有者のその後の業務が大きく変わります。キチンとした作成方法であれば、かんたんにデータを再利用できて業務が効率化されます。自己中心的で自己満足な資料にならないように気をつけましょう。

共有時の「資料の受け渡し」

「メールに添付された資料のダウンロードに時間がかかる……」なんてことが起きないように、共有するファイルはできるだけ軽くなるように作成するのがキホンです。通信環境によっては、ダウンロードに時間がかかるだけでなく、制限がある場合もあります。

　また、自分だけにしかわからないようなフォルダー・ファイル管理では共有相手に迷惑をかけてしまいます。社内外での共有を考えてファイルを管理しましょう。

全社会人にやさしい資料を作るために

　前著『スペースキーで見た目を整えるのはやめなさい』では「社会人として、この資料作成スキルをスタートラインにしよう」という最低限の考え方や基本操作をご紹介しました。あなたの評価を高める次のステップは、他人に後始末をさせない**全社会人にやさしい資料**の作成です。そのためには、以

以下のように作り手側でもう一歩スキルアップしましょう。

・先述の「相手のスキル」「資料の使い道」「資料の受け渡し」を考える
・Word や Excel に備わっている機能を理解し、適切に活用する

　Word も Excel もたくさんの機能があります。「忙しくて覚えきれない！」という方もいるでしょう。そこで、本書では長文作成・リスト表・フォーマットの事例ごと「全社会人にやさしい資料」の作成に必要な機能に絞ってご紹介します。さらに、作例に使用するサンプルファイルはダウンロードして自己学習にお使いいただけるようにしました。

　弊社では、さまざまな職種の方が「業務でこれができない」「もっとこうしたいけど、どうしたらいいだろうか」など日常業務での問題を相談にいらっしゃいます。その中での大きな課題は「資料がデータの共有を考えずに作成されている」ため再利用する人が困っているということです。

　Word の文書にしても Excel のリスト表にしても、基本となる最初の資料がキチンと作成されていれば、再利用のときスムーズに結果を出すことができます。これらのことが企業で徹底されていけば、1日の中でパソコンに向かう時間は減少し、もっといろんな行動が起こせることでしょう。また、パソコンでの処理業務を担当している方は、より多くの仕事量を短時間でこなせるようになるでしょう。

　この書籍が、全社会人の方にとって、

「なぜ、相手にやさしい資料を作らなければならないのか」
「相手にやさしい資料とは、どんなモノか」

を考えるキッカケになればと思います。そして、書籍を手にしてくれた方が「他人の後始末」をすることも、させることもないスキルを身につけていただくことを願っております。

目次

第 1 章
「いままでと同じ作り方でいいや」をやめなさい

～ひと昔前とは激変した「資料作成の常識」を身につける　Word・Excel

第 **2** 章

「長文なら時間がかかっても仕方がない」 をやめなさい

～長文文書作成・再編集のムダな労力を 極限まで減らす　　Word

第 **3** 章

「なんとなくデータを集めて記録する」のをやめなさい

～ラクに入力も活用もできる 最強の「リスト表」を目指す　　Excel

第 4 章

「申請書はとりあえず使いまわす」をやめなさい

～入力しやすいフォーマットで 自分も相手も作業時間を短縮する　Word

第 5 章

「自力でデータの整理をする」
のをやめなさい

～工夫を凝らしてフォーマット回収後の「後始末」を根絶する　　Excel

サンプルファイルのダウンロード

本書の2〜5章で説明する Word・Excel の機能を使って、作成した資料のファイルをご提供いたします。実際の作り方や動作を確認できます。サンプルファイルと本書の対応は、各節見出しにつくアイコンでご確認ください。

▶ 節見出しのアイコン

📥 2-2 （スタイル）.docx

ダウンロード方法

①本書のサポートページ（以下の URL）にアクセス

https://gihyo.jp/book/2021/978-4-297-12044-3/support

②下記のアクセス ID とパスワード（すべて半角で、大文字／小文字は区別する）を入力してダウンロード

・アクセス ID：Kami-Excel
・パスワード：Stop405

ご注意

本書で提供するサンプルファイルは本書の購入者に限り、個人・法人を問わず無料で使用できますが、再転載や二次使用は禁止いたします。

サンプルファイルのご使用は、必ずご自身の判断と責任によって行ってください。サンプルファイルを使用した結果、生じたいかなる直接的・間接的損害も、小社および著者はいっさいその責任を負いかねます。

「いままでと同じ作り方でいいや」をやめなさい

〜ひと昔前とは激変した 「資料作成の常識」を身につける

Word **Excel**

今日から「エクセル方眼紙」を
やめる考え方

「印刷できればいい」という時代は終わった

　ビジネス資料は、他人が作成したものを使いまわす、といったことも頻繁にあるでしょう。しかし、その資料はいつから使いまわしていますか？　もし、前前前任者の仕事をそのまま踏襲しているなら、「時代遅れ」の資料になっていて、相手に大迷惑をかけているかもしれません。

　時代に即した資料を作成するためには、作成方法を見直す必要があります。たとえば、申込書を例に考えてみましょう。申込書は、氏名や生年月日、住所などの必要事項を書きこんでもらう資料です。共有相手に書きこんでもらう方法は以下の2種類があります。

・印刷してから、手書きで記入してもらう
・ファイルに直接情報を入力してもらう

　前者の申込書は昔からありますが、Excelで作るのは案外難しいものです。たとえば、項目や入力欄の幅をどのくらいとればいいのか、どのように文字を配置すればいいのか、列数や行数はどのくらい必要になるのか……などは悩みどころで、作成者側が資料作成ソフトに備わっている機能をキチンと理解していないと、なかなかうまく作成できません。

　そこで、Excelのワークシートを方眼紙状に設定し、セルの結合を乱用して自由に設計できる資料が生まれました。「セルの結合」という機能だけを知っていれば、だれでも作成ができる**エクセル方眼紙**といわれる方法です。

▶ エクセル方眼紙で作成した申込書

有限会社 フォーティ

会員登録申込書

・「概要書面」をよくお読みになり、ご理解・ご了承の上、ご記入ください。
・会費自動引き落としのため、お引き落とし口座のご記入をお願いいたします。
・ご記入いただいた申込書は、身分証明書の写しとともに郵送にてご提出ください。
・申請書記入欄は必ず申込者ご本人が記入、署名、捺印をお願いいたします。
・個人情報については、今回の登録申請以外には使用いたしません。

申込日	2021 年 4月 1 日					
申込者	住 所	〒				
	フリガナ 氏 名		電話番号	自宅 : 携帯 :		
メールアドレス			生年月日	年 月 日		
	コースNO	コース名	期間	WEB	通学	コース料金
1						

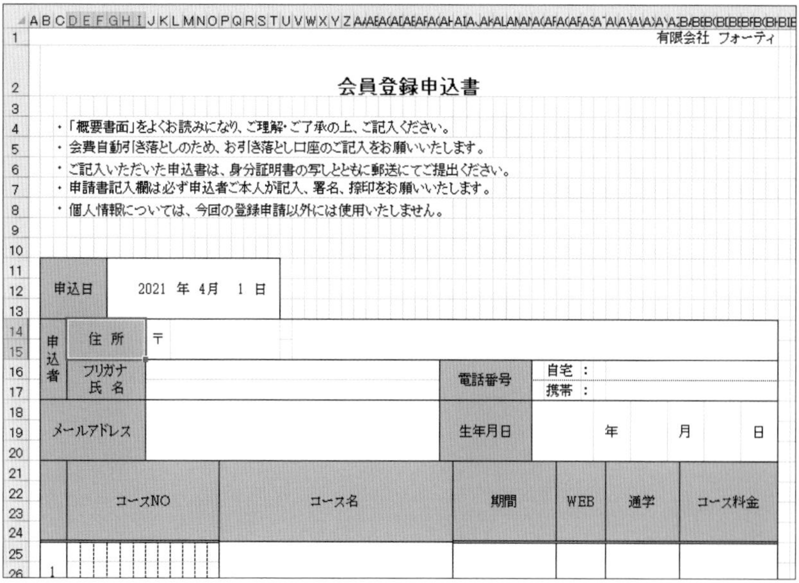

・資料作成時間はふんだんにかかってもいい
・印刷結果が整っていれば、作成工程は問わない
・データは再利用しない

エクセル方眼紙は、上記の条件が前提の資料です。

しかし、PCが普及しインターネットを通じたやりとりがあたりまえになった近年、後者の「ファイルに直接入力してもらう」方法がとられるようになりました。このような時代で求められるのは、次のような資料です。

・作成者が短時間で編集や再編集ができる
・印刷用かデータ入力用か、使用目的にあっている
・送受信しやすいようにファイルサイズが軽い

いまや、だれもが Word や Excel といった資料作成ソフトで、1つのファイルを共有し作業する時代。作る側、再編集する側、使う側の三者が利用しやすいように気配りされた**全社会人にやさしい資料**であることが求められているのです。

エクセル方眼紙がダメな理由

エクセル方眼紙は、作る側にも再編集する側にも使う側にも「やさしい資料」とはいえません。具体的にどうやさしくないのか、みていきましょう。

作成・再編集・使用に時間がかかる

方眼紙状にして文書を作成すると、必要以上に複雑な表になってしまいがちです。

その項目はホントに必要なのでしょうか？
文字を縦書きにする意味はあるのでしょうか？
意味もなく、各欄の幅や高さがバラバラになっていないでしょうか？
A 列を余白として空けてしまうと、中央に印刷するためには「表の右側にも同幅の列を作る」手間が増えるのではないでしょうか？

このように入り組んだ表を作成すると、作成・再編集にももちろん時間がかかりますし、使用者にとっても、記入（入力）箇所がわかりにくく、余計な手間がかかってしまいます。

データの再利用に手間がかかる

さきほどのフォーマット例だと、「申込日」の欄は複数のセルを結合しています。集計のために、「申込日」欄に入力されたデータを、別シートの一覧表にまとめると、どうなるでしょうか？

　単純に、入力データをコピー（[Ctrl] + [C]）して、ほかのシートに貼り付け（[Ctrl] + [V]）をしてしまうと、セルが結合した状態で貼りつけられるため、とたんに一覧表が崩れてしまいます。

　これを避けるためには、**値貼り付け**（[Alt] → [H] → [V] → [V]）をすればいいのですが、1つのデータならともかく、いくつものデータを値貼り付けするのは骨が折れます。

▶ 結合したセルをコピペするにはひと手間必要

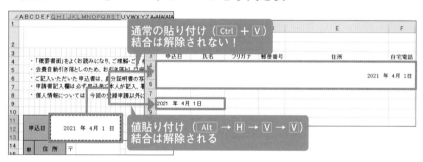

　データを再利用する資料は**セル結合しない**。これをキホンにしましょう。

ファイルが重くなる

　相手の通信環境も考えれば、ファイルはできるだけ軽くなるように作成したいところです。

　ところが、エクセル方眼紙は資料の体裁を整えるためにセル同士を結合させます。本来1項目につき入力欄は1セルでいいところを、複数セル必要になるわけですから、ファイルサイズは自然と重くなります。

「エクセル方眼紙」と「少ない行列数で作成された表」どのくらい重くなるのか比較してみました。次図のように、エクセル方眼紙のファイルサイズは約24KB、少ない行列数で作成された表は約13KB。同じ内容でも使用する行数や列数が増えれば、ファイルサイズは重くなってしまうのです。

▶ **同じ内容でも作成方法でファイルサイズは変わる**

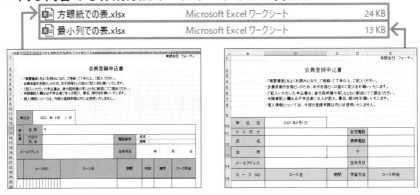

　このようにエクセル方眼紙で作った資料は「共有」という点で、とても扱いづらくなってしまいます。

記入してもらうのか、入力してもらうのかがポイント

　エクセル方眼紙がダメなら、申込書などのフォーマットはどのように作成すればいいのでしょうか？　まず、フォーマットに表を使う場合、使用するソフトや資料の使用方法を問わず、1つのキホンがあります。それは、

　できる限り**最小限の行列数**で作成する

ということ。最小限の行列数で作成すれば以下のメリットがあります。

・作成時間が短い
・行・列のサイズ変更がしやすい
・印刷範囲の設定や余白列の調整がいらない（用紙中央印刷設定・列の
　縮小設定のみ）

・入力されたデータの再利用ができる
・ファイルサイズが小さい

　そのうえで、手書きで記入してもらうのか／情報を入力してもらうのか、といった資料の目的をふまえて作成方法を使いわけましょう。

印刷して「手書き」で記入してもらう

　PDF もしくは紙ベースで配布する資料は、使用者がどこに何を記入すればいいかわかりやすい（シンプルですっきりしている）ことはもちろん、**作成・再編集しやすいも**焦点になります。

　このような資料の場合、断然 Word の表がおすすめ。「Word がうまく使えないから、Excel を使用しているんだ！」という方もいらっしゃると思いますが、Word の表機能をしっかりと理解すれば、作成時間はかなり短縮できます。

▶ Word の表機能を駆使すると、ラクチン

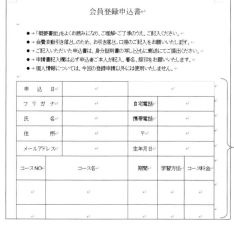

セルの結合・分割
・行数・列数を気にせず、複雑な表が作成できる
・あとから、かんたんにセルを増やせる

表の合体
・列数が異なる表を合体して、1 つにまとめられる

セルの結合・分割は、表の［レイアウト］タブ→［結合］グループから設定できます（くわしくは、前作『スペースキーで見た目を整えるのはやめなさい』第1章）。また、表同士は以下の操作でかんたんに合体できます。

操作

Wordで列数の異なる表を合体

①合体させたい表を1段落空けて作成する

申　込　日	↵		↵	
フ リ ガ ナ	↵	自宅電話	↵	
氏　　　名	↵	携帯電話	↵	
住　　　所	↵	〒	↵	
メールアドレス	↵	生年月日	↵	

コースNO	コース名	期間	学習方法	コース料金

②間にある段落を選択し、Delete で削除する

住　　　所	↵	〒	↵	
メールアドレス	↵	生年月日	↵	

コースNO	コース名	期間	学習方法	コース料金
↵	↵	↵	↵	
↵	↵	↵	↵	

Point

　表を合体させるのとは逆に、別々の表に分けたい場合は「表の分割」機能を使います。

　分割したい行内にカーソルを置き、［レイアウト］タブ→［結合］グループの［表の分割］ボタンをクリックしましょう。カーソルがある行の上に、空白の段落が挿入されます。

ファイルに直接入力してもらう

一方、ファイルで配布したフォーマットに、PC上で情報を入力してもらうにはどうすればいいでしょうか？　それは、情報を入力する人にとっても再利用する人にとっても「やさしい資料」であることです。

・入力欄がわかりやすい
・表記ゆれや入力ミスを防ぐ
・入力されたデータを再利用しやすい

これらを考えて作成するには、関数や入力規則、条件付き書式、保護などExcelの機能をおおいに活用するべきです。また、Wordで作成する場合は、コントロールを使用することで、データ入力をしても配置が崩れないフォーマットを作成できます。

入力項目が多いフォーマットなら、自動化が得意なExcel。テキスト入力が多いフォーマットなら、配置が崩れないWordで作成するといいでしょう。

▶ フォーマット作成に活かせる Excel の入力機能

入力規則
・指定期間中の日付のみ入力できる
・半角英数字のみ入力できる

条件付き書式
・入力してほしい欄を強調
・入力後は強調が消える

関数による自動表示
・データ（コースNO）を入力したら、関連情報（コース名など）を自動で表示できる

▶ フォーマット作成に活かせる Word の入力機能

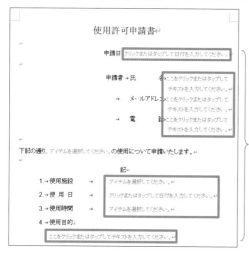

コントロール
・カレンダーやリストから選択して入力できる
・入力位置を固定できる

これらをまとめると、以下の表にまとめられます。

▶ フォーマットの使用目的から作成方法を考える

	作成方法	作成者	共有者（データ再編集者）	共有者 （フォーマット使用者）
印刷して記入	Excel 最小行列表	短時間で作成できる	行列の挿入がかんたん サイズ変更がかんたん	紙に手書き
印刷して記入	Word 表	短時間で作成できる	結合・分割で再編集がかんたん（複雑な表に最適）	紙に手書き
ファイルに直接入力	Word 文書	コントロール・表で入力を制限できる	文字配置調整が短時間で済む 文書レイアウトが崩れない	入力箇所がわかりやすい 文字配置が崩れない 選択ミスがなくなる
ファイルに直接入力	セル結合がない Excel 表	関数・入力規則などで入力を制限できる メモで説明を補足できる	行・列のサイズ変更がしやすい パスワードで保護し編集者を限定できる	入力の手間がかからない 入力箇所がわかりやすい

「ファイルに直接入力してもらう資料」の具体的な作成方法は4章（Word）、5章（Excel）で説明いたしますが、まずは、

- ・作成する資料はどんな機能が必要なのか
- ・ソフトにどんな機能があるのか

　をおさえて、資料作成ソフトを使いわけるといいでしょう。

Wordの「知られざる機能」を把握して、適切なソフトを選ぼう

　Excelで文書を作成してしまう人の中には「WordよりExcelのほうが多機能だ」と思う方もいるでしょう。そこで「Wordにも、あったのか！」という機能をご紹介します。もし次の機能を使うためにExcelを選んでいるのなら、ためしにWordを使ってみるのはいかがでしょうか？

自動計算

「料金の合計を自動で出したいから」と考えて、文章主体の資料でもExcelで作成していませんか。じつは、WordにもExcelのように計算式を入れて、**自動計算**できる機能があるのです。

`操作`

Wordで自動計算

①表中で、計算した値を表示させたいセルにカーソルを置く
②テーブル［レイアウト］タブ→［データ］グループの［計算式］をクリック

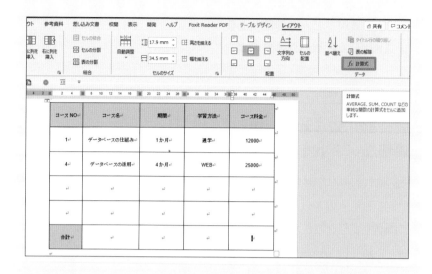

③［計算式］の画面にすでに SUM 関数が挿入（カーソルのあるセルより上を合計する式）

④表示形式を選択し、OK ボタンで閉じる

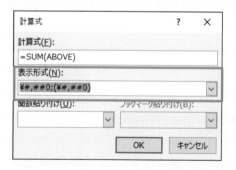

⑤カーソルを置いたセルに値が求められる

Point

　表内のデータに変更があったら、値をクリックしましょう。グレーの網掛けがかかったら、F9 を押すことで、計算式が更新されます。

5	データ集計関数編	2か月	通学	28000
合計				¥65,000

　このグレーの網掛けは「フィールドコード」といって、「自動更新されるデータですよ」という合図です。たとえば、ページ番号や段落番号も同じように表示されます。
　また、どんな計算式が入っているのか確認したい場合は Alt ＋ F9 でフィールドコードの表示／非表示が切り替えられます。

順序を並び替える

　Word の箇条書きや表で一覧を作成すると、あとから、

「やっぱり小さい順にすればよかった…」
「あいうえお順に並べたほうが見つけやすい」

　など順番を変更したいケースはよくあるでしょう。そんなとき、段落や行を切り取って、貼りつけて、とちまちま順序を入れ替える方がたくさんいらっしゃいます。こうなると「はじめから Excel で作ればよかった」と思うのも無理はありません。しかし、じつは Word にも Excel と同じように**並べ替え**の機能があるのです。

Word で段落の並べ替え

① 並べ替えをしたい範囲を項目（図中の「氏名」）も含めて選択
② ［ホーム］タブ→ ［段落］グループの［並べ替え］ボタンをクリック

③ ［並べ替え］の設定画面で「どのように並び替えたいか」を設定し、
OK ボタンで閉じる

（最下段［タイトル行］の［あり］にチェックを入れると、項目が並べ替えの対象から外れ、最優先されるキーに項目名が表示されます）

③で設定する［種類］によって、以下の順番に並べ替えます。

・JIS コード順：ひらがな→カタカナ→漢字（漢字コード順）の順番

・五十音順：カタカナ・ひらがなが混在した読み順→漢字（漢字コード順）の順番

Word で表の並べ替え

①並べ替えたい表全体を選択
②[ホーム] タブ→ [段落] グループから [並べ替え] ボタンをクリック
  （またはテーブル [レイアウト] タブ→ [データ] グループ）
③[並べ替え] の設定画面で「どの項目をどのように並び替えたいか」
  を設定し、OK ボタンで閉じる

ちなみに、上記のような決まったルールに従った並べ替えもできますが、
単純に「段落の順序を変えたい！」というときも、かんたんに変更できます。

Word の段落の順序変更

①変更したい段落を選択する

② [Alt] + [Shift] + [↑]（[↓]）で移動

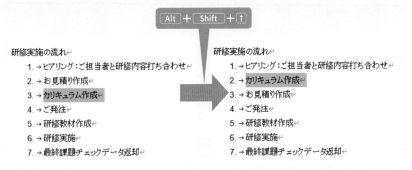

Point

設定済みの段落番号（上画像の1〜7）は自動でふり直しされます。

　段落を上下に移動したいときに、切り取りや貼り付けは不要です。時短になるので、ぜひ活用しましょう！

「Wordはおせっかい」と決めつけるのは恥ずかしい

使いづらいのは、使い方がまちがっているせい

「勝手に箇条書きのマークをつけられる！」
「改行したら、前行の書式が引きずられる！」

　このような、Word のおせっかいな機能に手を焼いてます、という声を耳にします。中には「Word は余計な機能だらけだから Excel を使っているんだ」という人も。こうなると、なかなか Excel から離れられなくなりますね。
　しかし、そもそも Word って、おせっかいなんでしょうか？　そんなことありません。キチンと Word と向きあえば、とてもかんたんに資料が作成できるのです。たとえば、箇条書きの設定を見てみましょう。

```
1)→チームメンバーの選出↵
2)→顔合わせ→自己紹介と担当割↵
3)→第1回ミーティング→議事録作成↵
```

　このような箇条書きを作成したとき、「1) チームメンバーの選出」の後ろで改行をすると、自動的に番号がふり直しになり、かんたんに項目を追加でききます。

```
1) →チームメンバーの選出←
2) →メンバーチェック→承認←
3) →顔合わせ→自己紹介と担当割←
4) →第1回ミーティング→議事録作成←
```

　一方、箇条書きのあとに通常の文章を入力しようと「4）第1回ミーティング→議事録作成」の後ろで改行をすると、勝手に「5）」が追加されてしまいます。

```
1) →チームメンバーの選出←
2) →メンバーチェック→承認←
3) →顔合わせ→自己紹介と担当割←
4) →第1回ミーティング→議事録作成←
5) →←
```

　このように、いちいち書式を解除しなければならない、というわずらわしさから「Wordはキライ！」と思う方が多いようです。なぜ、同じ箇条書きの設定なのに、便利に使えて助かるときと、余計な設定にイラつくことがあるのでしょうか？

　それは、箇条書きが設定されている段落を改行して、異なる書式の文字を入力しようとすることに原因があります。Wordでは、書式が設定されている段落で改行すると、次の行も同じ書式になるのです。

　よって、Wordで文書作成する場合、

　文字入力をすべて終了(**ベタ打ち**)したあと、まとめて選択して書式設定する

という編集方法がベスト。Wordに備わっている自動設定をキチンと使いこなせば、使いづらいのではなく「とても便利」と感じることができるはずです。

ホントのおせっかい機能を見極める

このように正しく使えば「おせっかいだ」と感じていた大半の機能は、あなたの味方に変わってくれます。しかし、それでも邪魔に感じる機能もあるでしょう。たとえば、

・文字を選択すると、表示される「ミニツールバー」（Word）
・サイトの URL を入力すると、設定される「ハイパーリンク」（Word・Excel）

などです。これらは、文字が見えなくなったり、再選択時に邪魔になったり、不要なリンクが貼られたりするので、解除をおすすめしています。

操作

「ミニツールバー」の非表示

①［ファイル］タブ→［オプション］をクリック
②［全般］の［選択時にミニツールバーを表示する］のチェックを OFF

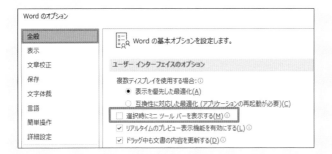

操作

「ハイパーリンク」の自動設定解除

① ［ファイル］タブ→［オプション］をクリック

② ［文章校正］→［オートコレクトのオプション］をクリック

③ 表示された［オートコレクト］の画面から［入力オートフォーマット］をクリック

④ ［入力中に自動で変更する項目］内にある［インターネットとネットワークのアドレスをハイパーリンクに変更する］のチェックを OFF

▶ Word の設定画面

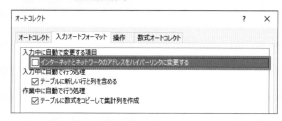

▶ Excel の設定画面

おせっかいだ、と感じるのは個人差がありますが、正しい使い方をしたうえで、邪魔に感じる機能のみ解除しましょう。

Wordでの作業をサポートしてくれる「3種の神器」

さきほどとは逆に、デフォルトでは表示されていないけれど、ぜひ文書編集の前に表示しておきたい機能が、以下の3つです。

・編集記号
・ルーラー
・グリッド線

特に「編集記号」と「ルーラー」は常に表示させましょう。私はこの3つをまとめて**3種の神器**と呼んでいます。

3種の神器は、前作『スペースキーで見た目を整えるのはやめなさい』でも説明しましたが、あまりにも重要なので、再度ご説明いたします。ちゃんと表示できるか、使いこなせるか、確認してください。

編集記号
編集記号を表示させると、スペースやタブなどの入力を確認できます。

▶ **編集記号を表示させたときの編集画面**

編集記号の表示／非表示

[ホーム］タブ→［段落］グループから［編集記号の表示／非表示］ボタンをクリック（ Ctrl + Shift + (() ）

編集記号を非表示にしても、常に表示されている編集記号はありませんか？　初期値では、改行の「段落記号」「アンカー」が表示されているはずです。これは設定で変更できます。

常に表示する編集記号の設定

①[ファイル］タブ→［オプション］→［表示］をクリック
②[常に画面に表示する編集記号］のチェックをつけると常に表示される

> **Point**
>
> ［すべての編集記号を表示する］のチェックはリボンの［編集記号の表示／非表示］ボタンと連動します。ボタンがオフだとチェックがオフになります。

　編集記号は常に表示することをおすすめしますが、もし非表示にしたとき、たくさんの編集記号が表示されると、編集画面がうるさくなってしまいます。

　基本的には、初期値のまま「段落記号」と「アンカー記号」だけにしておき、リボンのボタンから表示／非表示を切り替えて使用するのがおすすめです。

ルーラー

　ルーラーはページ設定の文字数や行数、余白の状態を表示します。ルーラー上に表示されているインデントボタンは、各段落の左右の字下げがどうなっているのか、確認のために重要です。

▶ ルーラーで文字位置を確認

8 6 4 2 ⌖ 2 4 6 8 10 12 14 16 18 20 22 24 26 28 30 32 34 36 38 40 42 44 46 48

操作

ルーラーの表示／非表示

［表示］タブ→［表示］グループから［ルーラー］のチェックボックスをON／OFF

グリッド線

　グリッド線は、段落に沿って表示される**印刷されない罫線**です。段落のはじまりやおわり、行数をわかりやすくしてくれます。ただ、表の編集時には、表の罫線と重なり見にくくなってしまうので、表示／非表示を切り替えられるようにしておきましょう。

▶ **グリッド線でレイアウトをわかりやすく**

操作

グリッド線の表示／非表示

［表示］タブ→［表示］グループから［グリッド線］のチェックボックスを ON ／ OFF

　また、図形をドラッグして移動すると、グリッド線上に自動配置されます。もし「もっと図形の配置を細かく調整したい！」というときは、グリッド線の間隔が小さくなるように設定しましょう。

操作

グリッド線の間隔設定

①[レイアウト]タブ→[ページ設定]グループにある右下矢印の[ページ設定]ボタンをクリック

②[ページ設定]画面を表示し、[文字数と行数]タブ→[グリッド線]ボタンをクリック

③[グリッド線の設定]で間隔を変更

④OK ボタンで閉じる

グリッドとガイド	? ×
配置ガイド	
☐ 配置ガイドの表示(D)	
☑ ページ ガイド(P)	
☑ 余白ガイド(A)	
☑ 段落ガイド(G)	
オブジェクトの位置合わせ	
☑ 描画オブジェクトをほかのオブジェクトに合わせる(N)	
グリッド線の設定	
文字グリッド線の間隔(Z):	0.86 字
行グリッド線の間隔(V):	0.5 行
グリッド線の開始位置	
☑ 左上余白を基準にする(M)	
左開始位置(O):	30 mm
上開始位置(R):	35 mm
グリッドの表示	
☑ グリッド線を表示する(L)	
☐ 文字グリッド線を表示する間隔 (本)(I):	
行グリッド線を表示する間隔 (本)(H):	2
☐ グリッド線が非表示のときに描画オブジェクトをグリッド線に合わせる(S)	
既定に設定(E)	OK キャンセル

ファイル管理で社会人としての マナーが問われる

「ファイル情報」はあいまいなまま共有しない

「この資料はだれが作成したのか」
「最後にだれが保存したのか」

といった情報はファイルに埋めこまれています。

自分が資料を作成している最中はなかなか気づきにくいですが、共有相手がファイルの情報を見たときに、チームにいない人の名前が表示されていた、会社名が知らない会社になっていた、ということもあります。

特に、前任者が作成したファイルやインターネットからダウンロードしたテンプレートファイルを使いまわすときに起こりがち。ファイル情報はキチンと整えてから共有するように心がけましょう。

操作

最終更新者・作成者の変更

①[ファイル] タブ→ [情報] をクリックすると、右側のプロパティに
ファイル情報が表示
（最終更新者、作成者には Office ソフトの「ユーザー名」が表示され
ます）

②[ファイル]タブ→[オプション]をクリック

③[全般]の[Microsoft Office のユーザー設定]の[ユーザー名]を
　変更

④ OK ボタンで閉じる

⑤上書き保存をすると「最終更新者」が変更される

作成者名を書き換えたい場合は、一度ドキュメントのプロパティ情報を削除して再度保存することで新たな作成者名に変更できます。

①[ファイル]タブ→[情報]→[問題のチェック]→[ドキュメント検査]をクリック
②ドキュメントの検査画面から[検査]をクリック
③検査結果の[ドキュメントのプロパティと個人情報]→[すべて削除]をクリック

共有相手にやさしい「ファイル名」2つのオキテ

あなたは作成した資料のファイル名を、どうやってつけていますか？
また、どんなフォルダ構成で保存しているでしょうか？

「テキトーだけど、自分がわかっていればいい」と考える人もいるかもしれません。しかし、本書が目指しているのは「全社会人にやさしい資料」です。オンラインストレージでフォルダごと資料をやりとりする昨今、ファイル名・フォルダ構成も手を抜けません。

　共有した相手も一発で目的のファイルを開けるようにするために、わかりやすい名前をつける工夫をしましょう。

　まずは、あなたの資料のフォルダ構成やファイル名をチェックしてみましょう。

　このとき、あれこれクリックしてフォルダを開く必要はありません。**コマンドプロンプト**を使えば、ツリー状にサクッと表示できます。

> **操作**

フォルダの階層一覧を表示

①タスクバー左下の検索に「コマンド」と入力し、コマンドプロンプトを呼び出す

②コマンドプロンプトを開き、ユーザー名の後ろに「tree　パス名　/f」を入力
（下図では、「ドキュメント」にある「プロジェクトA」というフォルダを指定しています）

```
■ コマンド プロンプト                    −

C:¥Users¥shire>tree_documents¥プロジェクトA /f
```

③入力後、 Enter を押すとフォルダの階層一覧が表示される

Point

「ファイルのパス名が長く手打ちするのがたいへん！」というとき
は、まずエクスプローラーで、目的のフォルダを開きましょう。
アドレスバーをクリックするとパス名が表示されるのでコピー
（ Ctrl + C ）してコマンドプロンプトの画面に貼り付け（ Ctrl + V ）
ます。その後ろに［半角スペース＋ /f］を入力します。

ファイル名から、資料の内容がわかるようにする

　以下の「社外文書」フォルダ中のファイルは、「文書番号001」「文書番号002」と並んでいます。一見番号順になって管理されているように感じますね。

▶ 管理されているように見えるけれど……

　ところが、共有相手の視点で考えると、どんな文書なのか、ファイルを開くまで内容がまったくわかりません。文書管理番号の後ろに内容がわかる一文をつけておきましょう。

▶ パッと見てファイルの中身がわかる名前をつけよう

名前の乱れを整えて、並べ替えやすくする

　顧客ごとにフォルダに分けて請求書をまとめて管理しているつもりでも、ファイル名に乱れがあると、並べ替えがうまくいきません。そのため、目的のファイルが探しにくくなります。連番にして並び替えやすくしましょう。

▶ ファイル名が乱れていると並べ替えられない

	名前	更新日時	種類
	A社請求書	∨	
☐ 名前		更新日時	種類
ス	1月分請求書 -.xlsx	2019/01/30 16:29	Micro
	3請求書.xlsx	2018/05/25 16:13	Micro
	4請求書.xlsx	2018/06/28 14:47	Micro
	5請求書.xlsx	2018/07/12 14:50	Micro
	8請求書.xlsx	2018/10/30 15:26	Micro
	9請求書.xlsx	2018/11/21 19:48	Micro
ト	10月分請求書.xlsx	2019/01/30 16:29	Micro
47515337_	請求書2月分.xlsx	2019/02/22 15:37	Micro
	請求書6月.xlsx	2018/08/24 10:15	Micro
	請求書7月分.xlsx	2018/09/28 19:11	Micro

　これらの観点からファイル名をチェックし、場合によっては名前を変更しましょう。ただし、ファイル名を変更するとき、ファイルを右クリック→名前を入力→ Enter で確定→別のファイルを右クリック→……という方法では、時間がかかってしまいます。サクッと変更できる操作方法を覚えましょう。

操作

ファイルの名前を1つひとつ変更

①フォルダ内をクリックして、 Ctrl + A ですべてのファイルを選択
② F2 （ファイル名変更のショートカットキー）を押し、任意のファイル名を入力する
③入力後、 Tab を押す
④次のファイルの名前変更になるので、そのまま入力

操作

ファイル名を連番に一括設定

①エクスプローラーの［更新日時］の項目をクリックして、昇順に並べ
替える
（クリックするたびに昇順・降順が変わります）

名前	更新日時 ^
3請求書.xlsx	2018/05/25 16:13
4月請求書.xlsx	2018/06/28 14:47
5月請求書.xlsx	2018/07/12 14:50
請求書6月.xlsx	2018/08/24 10:15
請求書7月分.xlsx	2018/09/28 19:11
8請求書.xlsx	2018/10/30 15:26
9請求書.xlsx	2018/11/21 19:48
10月分請求書.xlsx	2019/01/30 16:29
1月分請求書 -.xlsx	2019/01/30 16:29
請求書2月分.xlsx	2019/02/22 15:37

②フォルダ内をクリックして Ctrl + A ですべてのファイルを選択
③ F2 を押し、任意のファイル名を入力

☐ 名前	更新日時 ^
☑ 請求書.xlsx	2018/05/25 16:13
☑ 4月請求書.xlsx	2018/06/28 14:47
☑ 5月請求書.xlsx	2018/07/12 14:50
☑ 請求書6月.xlsx	2018/08/24 10:15
☑ 請求書7月分.xlsx	2018/09/28 19:11
☑ 8請求書.xlsx	2018/10/30 15:26
☑ 9請求書.xlsx	2018/11/21 19:48
☑ 10月分請求書.xlsx	2019/01/30 16:29
☑ 1月分請求書 -.xlsx	2019/01/30 16:29
☑ 請求書2月分.xlsx	2019/02/22 15:37

④入力後、 Enter を押すと、同じファイル名に連番が一括設定される

名前	更新日時	︿
2018請求書 (1).xlsx	2018/05/25 16:13	
2018請求書 (2).xlsx	2018/06/28 14:47	
2018請求書 (3).xlsx	2018/07/12 14:50	
2018請求書 (4).xlsx	2018/08/24 10:15	
2018請求書 (5).xlsx	2018/09/28 19:11	
2018請求書 (6).xlsx	2018/10/30 15:26	
2018請求書 (7).xlsx	2018/11/21 19:48	
2018請求書 (8).xlsx	2019/01/30 16:29	

Point

連番設定は資料作成だけでなく、たくさんの画像ファイルをとり
こんだときにも、すばやくファイル名を変更できます。

相手に渡す資料の「ファイル形式」は要チェック

　たとえば、あなたが Web サイトにアップする申請書を作成したとしま
しょう。そのとき、どんなファイル形式でアップしますか？

　特になにも考えずに、作成したファイル形式のまま共有するのはやめま
しょう。なぜなら、Word も Excel もバージョンによって機能が異なる部分
があるからです。

　最新バージョンで作成したファイルを古いバージョンで開いてしまうと、
新しい機能が反映されないケースがあります。また、図の配置がくるう、ペー
ジ設定がくるうこともありえます。共有相手に印刷してもらいたい場合、レ
イアウトが崩れてしまうのは致命的ですね。

　そこで、相手に渡すファイル形式は、以下のように考えましょう。

・共有相手が資料を印刷するだけ→　PDF 形式のファイル
・共有相手が資料のファイルに直接手を加える　→　Word・Excel の
　ファイル

印刷用として配布する資料は PDF ファイルに変換すると、バージョンによる乱れを防げます。

操作

ファイルを PDF に変換

①[ファイル]タブ→[エクスポート]をクリック
②[PDF/XPS の作成]ボタンをクリック

③[名前を付けて保存]のウィンドウを開いたら、ファイルの種類が
「PDF」になっていることを確認し[発行]をクリック
（保存後ファイルの確認をしたい場合は、[発行後にファイルを開く]
にチェックがあると、PDF ファイルが自動で開きます。不要な場合
はチェックを外します）

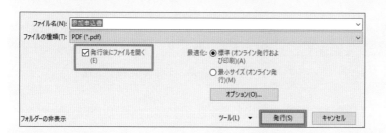

　デフォルトだと、Word はすべてのページ、Excel は選択したシートのみ PDF 変換します。

　もし、PDF ファイルに変換するページ範囲を変えたい場合は、［オプション］で変更しましょう。

▶ オプション設定画面（左：Word、右：Excel）

　一方、ファイルに直接編集・入力してもらうには、Word・Excel のファイル形式のまま渡すことになります。共有相手のソフトが古いバージョンだったときに、開くとどんな支障がでるか、共有前に確認しましょう。

操作

ファイルの互換性チェック

[ファイル] タブ→ [情報] → [問題のチェック] → [互換性チェック]
をクリック

▶ **互換性チェック画面（左：Word、右：Excel）**

　互換性チェックで表示された機能を確認して、明らかに支障があるとき
は、ほかの機能で作成するほうがいいでしょう。もしくは、バージョンの異
なるファイルを2つ用意するのも一案です。

第 2 章

「長文なら時間が かかっても仕方がない」 をやめなさい

〜長文文書作成・再編集のムダな労力を 極限まで減らす

Word

長文の文書作成は
「骨組み」がなにより重要

　資料の「共有」は仕事をするうえでとても重要ですが、作成した資料のファイルを共有する場合、だれにどんな目的で渡すのでしょうか。それは、以下の2つが挙げられます。

・編集者　→　資料を再編集してもらう
・使用者　→　資料にデータを入力してもらう

　この章では、前者の「編集者」と共有する場合の長文文書について考えてみましょう。編集者は、どんな長文文書だと再編集しやすいのでしょうか？
　たとえば、あなたは来月から同僚の仕事を引き継ぐことになりました。しかし、渡された資料を「自分なりに修正して使いまわそう！」と思い、見出しのフォントやレイアウトを少し変更したら、資料全体のフォントはバラバラ、レイアウトはガタガタに。
　もし、この資料がペラ1枚であれば、最悪すべて削除してテキストの入力から作り直すことはできます。ところが、長文の資料だった場合はそうはいきません。白紙の状態から仕切り直すのはもちろん非現実的ですが、フォントやレイアウトを統一するだけでも、内容を読み直して、どの段落が見出しなのか、本文なのか、全体の構成はどうなっていたのかを把握して、1つひとつ設定しなおして……と、たいへんな時間と労力が必要となり、想像しただけで気が遠くなりそうですね。
　あなたが作成する長文文書で、だれかにこんな迷惑はかけたくないものです。では、どうすればいいか。じつは、「大見出しはコレ」「小見出しはコレ」と、文書の**骨組み**をちゃんと Word に教えておけば、驚くほどかんたんに

修正や変更ができるのです。

　マニュアルや契約書、テキストなどの長文作成で、共有性の高い資料はどのようにして作成すればいいのか、必要な機能をおさえておきましょう。

▶ 長文資料の作成チェックポイント

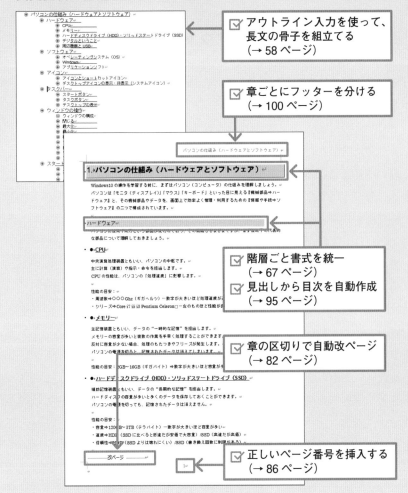

☑ アウトライン入力を使って、
　長文の骨子を組立てる
　（→ 58 ページ）

☑ 章ごとにフッターを分ける
　（→ 100 ページ）

☑ 階層ごと書式を統一
　（→ 67 ページ）
☑ 見出しから目次を自動作成
　（→ 95 ページ）

☑ 章の区切りで自動改ページ
　（→ 82 ページ）

☑ 正しいページ番号を挿入する
　（→ 86 ページ）

文書の階層を整理すると グンと効率的に

長文文書に欠かせない「アウトライン」

「来年度の新入社員研修で使う、パソコンの基礎知識を教えるためのテキストを作ってください」

と上司に言われたら、まず何からはじめましょうか？

思いつくまま、本文の頭から書いていく方はおそらく少なくないと思います。多くの方が「パソコンを使ううえで必要な基礎知識とは何か？」を箇条書きで書き出すはず。そして、以下の手順で書き進めていくでしょう。

①書き出した項目を、研修しやすい順番に並べる
②各項目で何を紹介するのかを、さらに細かく箇条書きで書き出す

Wordでは、このように構成を作り整理しながら文書作成することを**アウトライン入力**といいます。

複数ページからなるマニュアル・契約書・論文といった長文は、このアウトライン入力で作成するのがキホン。ここが、ペラ1枚の資料作成とは違う点です（なお、アウトライン入力はWordだけではなくPower Pointにもあります）。

なぜ、このように作成していくのでしょうか？

アウトライン入力で文書の骨子を作成すれば、文書全体の構成を確認・整理しながら作成を進められます。そのため、複数ページの文書作成にありがちな「書いているうちに、主題から逸れてしまった」「さっき書いた内容と重複している……」などの迷走を極力なくせるのです。

　また、入力時、自動的にレベルと見出しスタイルが設定されるので、以下のメリットがあります。

・上位レベルを移動すると、含まれる下位レベルごと移動できる
・見出しのブロック単位で削除できる
・文書内のジャンプがかんたん
・階層ごとに、書式の一括設定・変更ができる
・目次を自動作成できる

アウトライン入力のキホンをおさえよう

　この章では、テキストの作成手順を追って長文の編集方法をご紹介します。まずは、アウトライン入力をマスターしましょう。

①レベル1の見出しをすべて入力する

　［表示］タブ→［表示］グループ→［アウトライン］をクリックして、文書の表示モードを「アウトライン表示」に変更しましょう。そのうえで、一番大きな見出し（レベル1）を入力します。

レベル1の見出しを入力

①1行目に一番大きな見出し（レベル1）を入力
② Enter で改行して、次のレベル1の見出しを入力

- ⊖ パソコンの仕組み(ハードウェアとソフトウェア)↵
- ⊖ windows10 の「デスクトップ」↵
- ⊖ 設定↵
- ⊖ ファイルとフォルダー↵
- ⊖ データの容量とハードディスクの空き容量↵
- ⊖ 外部記憶装置の利用↵
- ⊖ ごみ箱の利用↵

Point

カーソルのある段落の見出しレベルは［アウトラインツール］グループの一番左上にある［アウトラインレベル］で確認できます。

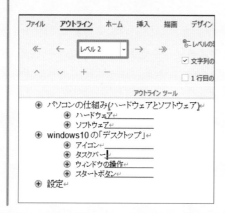

最初に、一番大きな見出しを考えて、文書の流れを決めましょう。長文編集では、ここでしっかりと**文書全体の構成**を決めておくことが重要です。

② 下位レベルも入力する

　レベル1の見出しが入力できたら、それぞれの項目の内容を細かく決めていきます。下図では、レベル3までの見出しを入力しましたが、自分の作成したい資料にあわせてレベル9まで見出しを設定できます。

▶ レベル3までアウトライン入力した場合

```
⊕ パソコンの仕組み(ハードウェアとソフトウェア)↵
    ⊕ ハードウェア↵
        ⊖ CPU↵
        ⊖ メモリー↵
        ⊖ ハードディスクドライブ (HDD)・ソリッドステートドライブ (SSD)↵
        ⊖ デジタルということ↵
        ⊖ 周辺機器と USB↵
    ⊕ ソフトウェア↵
        ⊖ オペレーティングシステム(OS)↵
        ⊖ Windows↵
        ⊖ アプリケーションソフト↵
⊕ windows10 の「デスクトップ」↵
    ⊕ アイコン↵
        ⊖ アイコンとショートカットアイコン↵
        ⊖ デスクトップアイコンの表示・非表示↵
    ⊕ タスクバー↵
```

操作

下位レベルの見出しを入力

①上位レベルの見出し行末に、カーソルを置き `Enter` で改行

② `Tab` を押すと、レベルが1つ下がる

③下位レベルの見出しを入力

Point

　アウトライン入力で作成したレベルに追記・修正をする場合は、以下3つの操作方法を使いわけましょう。自由自在に見出しの構成を変更できます。

　　・同じレベルを追加　：　`Enter` で改行後、そのまま入力

　　・レベルを下げる　　：　`Tab`

　　・レベルを上げる　　：　`Shift` ＋ `Tab`

③印刷レイアウトに戻り、各見出しの書式を設定する

全体の構成を入力し終わったら、［アウトライン］タブ→［アウトライン表示を閉じる］をクリックして、表示を「印刷レイアウト」に戻します。

印刷レイアウト表示に切り替えると、下図のように各段落の左側にマーク（小さい■）がついていることでしょう。これは「この段落にレベルが設定されていますよ」ということを示す編集記号で、印刷はされません。

▶ **印刷レイアウトに戻ったときの表示**

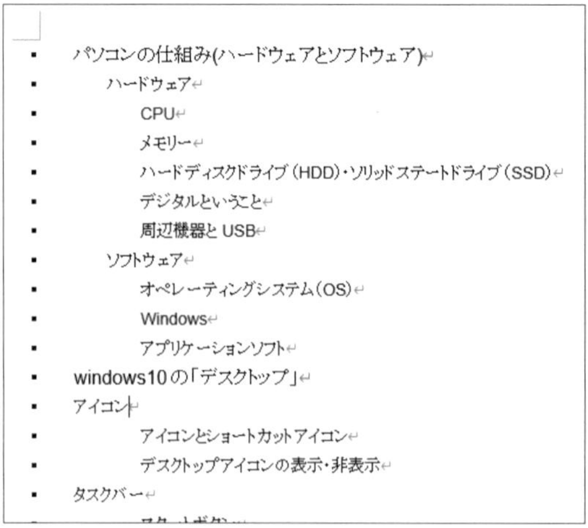

次に、見出しのスタイル（書式）を設定します。スタイルやその設定方法は、67ページでくわしくご説明しますので、そちらを参照してください。

④本文を入力する

見出しにスタイルを設定した後、本文を入力します。各見出しの行末にカーソルを置いて Enter で改行し、本文を入力していきましょう。ここで、本作の1章や前作を読まれた方は、

「見出しに設定されている書式が引きずられちゃうんじゃないの？」

と疑問に思うかもしれません。ところが、スタイルを設定した見出しは、改行しても次の段落に書式を引きずらないのです。

これは、各見出しのスタイルが「改行後の段落は**標準スタイル**とする」という設定になっているからです。標準スタイルとは「Wordを起動してから、特に書式をいじっていない段落」に設定されているスタイルのことです。

ためしに、見出し1の［スタイルの変更］ダイアログを表示して、設定を確認してみましょう。［ホーム］タブ→［スタイル］グループ→［見出し1］を右クリックし、［変更］をクリックします。

下図のように、［次の段落のスタイル］が［標準］になっていることが確認できます。この設定のおかげで、改行した次の段落に書式が引きずられないのです。

▶ **見出し1の［スタイルの変更］ダイアログ**

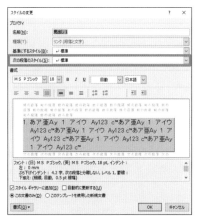

見出し2や見出し3も同じ設定になっているので、改行して本文をどんどん入力していきましょう！

なお、複数ページにわたる長文文書の本文を入力していると、「あの項目の文章を見返したい」というときもあるでしょう。そこで、**ナビゲーションウインドウ**の表示をおすすめします。

ナビゲーションウィンドウはアウトライン入力で設定された「レベル単位」で見出しが表示されます。この見出しをクリックすれば、かんたんに目的の場所までジャンプできるのです。

▶ **ナビゲーションウインドウ**

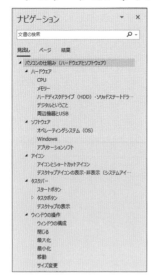

操作

ナビゲーションウインドウの表示

[表示] タブ→ [表示] グループ→ [ナビゲーションウインドウ] にチェックを入れる

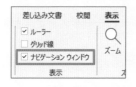

アウトラインをパパッと再構成する

本文を入力していく中で、

「この節は、章のはじめにあったほうが、わかりやすいな……」

など、項目や節、章のブロック単位で順番を入れ替えたいときもあるでしょう。このとき、複数ページに渡る文章をすべて選択して、切り貼りするのはめんどう。しかし、キチンとアウトライン入力ができていれば、このような再構成もかんたんにできてしまうのです。

まずは、[表示] タブ→ [表示] グループ→ [アウトライン] をクリックして、アウトライン表示にしましょう。

`操作`

レベルの一括表示／非表示

[アウトライン] タブ→ [アウトラインツール] グループ→ [レベルの表示] からレベルを選択

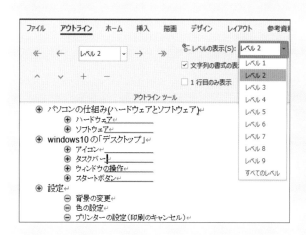

　見出しの左側につく「＋」「－」は、下位レベルを含んでいる（＋）
／いない（－）のマークです。＋マークをダブルクリックすると、
下位レベルを表示したり、非表示にしたりすることができます。見
出し単位で下位レベルを確認したい、というときに利用しましょう。

　移動するときは、見出し左の＋マークをドラッグ＆ドロップします。たと
えば、

・レベル1の順番を丸ごと入れ替える　　　→　　レベル1の＋を移動
・レベル2の内容をほかのレベルに移動する　→　　レベル2の＋を移動

と、このように操作すれば、下位レベルごと移動できるのです。

▶ アウトライン表示で再構成

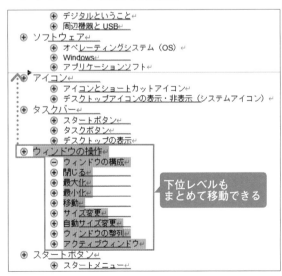

下位レベルも
まとめて移動できる

寸分の狂いなく、階層ごとに 見栄えを統一させる

書式を一括設定できる「スタイル」

前節では、アウトライン入力をご説明しました。

アウトライン入力をした時点で、すでに見出しには**スタイル**（書式）が自動で設定されています。具体的には、レベル1は「見出し1」のスタイル、レベル2は「見出し2」のスタイル……というふうに関連づいて設定されているわけです。

▶ ［ホーム］タブ→［スタイル］グループのスタイルとアウトラインの関係

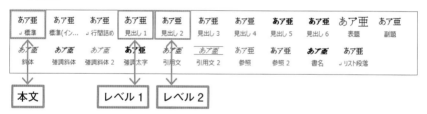

アウトラインとスタイルが連動するメリットは、**書式を一括設定できる**こと。たとえば、「章見出しのフォントをもう少し大きくしたい」というとき、章見出しのレベルに関連づくスタイルを変更・更新すれば、文書中すべての章見出しのフォントサイズが大きくなるのです。

文書中の章見出しを探して1つひとつ書式を変更する手間もなくなりますし、変更し忘れによる書式の乱れもなくなります。

キチンと書式が統一された資料を作るには欠かせない機能です。

▶ **スタイルを変更・更新すれば、同じレベルのスタイルも変わる**

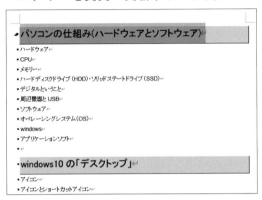

それでは、実際に各見出しのスタイルを変更してみましょう。スタイルの操作で1点注意してほしいのが、見出しスタイルは少しでも変えたら、文中にあるすべての同じ見出しスタイルも更新しなくてはならない、ということ。**変更と更新はセット**なのです。

変更・更新する方法は、以下の2種類があります。

（1）文中の書式を変更してから、更新
（2）［スタイルの変更］ダイアログの［書式］から、変更・更新

さっそく各見出しのスタイルを変更してみましょう！　まずは、（1）で「見出し1」のスタイルを変更する方法を説明します。

`操作`

見出しスタイルの変更（文中の書式設定を反映）

①書式を変更したい見出し（ここでは、見出し1）の段落を選択
②書式を設定する

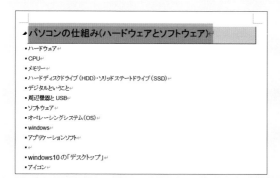

③[ホーム]タブ→[スタイル]グループ→変更したい見出しのボタン
（灰色の枠で囲まれたボタン）を右クリック

④[選択個所と一致するように見出し1を更新する]をクリック

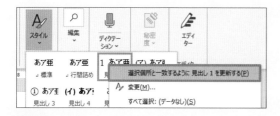

Point

②の画像中の見出し1は下記のスタイルを設定しています。

	設定	操作方法
フォント	18pt	[ホーム]タブ→[フォント]グループ→[フォントサイズ]
	MSPゴシック	[ホーム]タブ→[フォント]グループ→[フォントの種類]
段落	網かけ	[ホーム]タブ→[段落]グループ→[罫線]→[線種とページ罫線と網かけの設定]→[網かけ]から[背景の色]
	罫線（下と右）	[ホーム]タブ→[段落]グループ→[罫線]→[線種とページ罫線と網かけの設定]

次に「見出し2」を変更してみましょう。今度は（2）の［スタイルの変更］
ダイアログから変更してみます。

見出しスタイルの変更（［スタイルの変更］ダイアログから）

①［スタイル］グループのスタイル一覧から変更したいスタイル名（こ
　こでは［見出し2]）を右クリック
②［変更］をクリック
③表示された［スタイルの変更］ダイアログの［書式］から書式を設定
　（書式を詳細に設定する場合、左下の［書式］ボタンから設定します）

④OK ボタンで閉じる

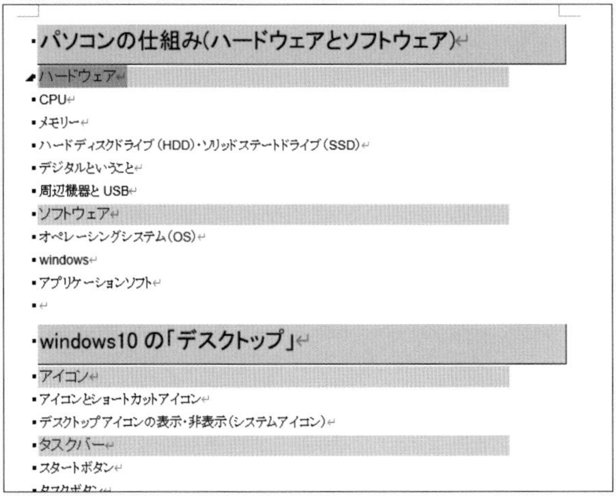

Point

③で見出し2は以下のように設定しています。

	設定
フォント	12pt
	MSP ゴシック
段落	グレーの網かけ
	右インデント：4文字

また、見出しにつく連番も同じようにスタイルの変更・更新で設定できます。

操作

見出しに連番を設定

①変更したい段落（ここでは、見出し1）を選択

②［ホーム］タブ→［段落］グループ→［段落番号］から［1.2.3.……］
　を選択

③[スタイル] グループから [見出し1] を右クリック

④[選択個所と一致するように見出し1を更新する] をクリック

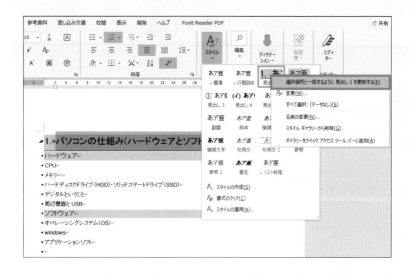

「本文」のスタイル設定には、注意が必要

　ここまで、見出しの見栄えを整えてきました。それでは、本文の見栄えを整えたいときは、どうすればいいでしょう。たとえば、「すべての本文を1文字、字下げしたい」ときは？

67ページでも説明したように、本文は［標準］というスタイルが設定されているわけですから、標準スタイルを変更・更新すれば一括でインデントを設定できそうな気がします。なので、

「見出しスタイルと同じ操作でいいのでは？」

　と思いがちですが、じつは、標準スタイルにインデントを設定すると、見出しスタイルにもインデントが追加されてしまうのです。

　その理由は、見出しスタイルの設定をくわしく見るとわかります。下画像では「基準にするスタイル」が［標準］になっていますね。これにより、標準スタイルに変更を加えてしまうと、見出しも同じ変更が加わってしまうのです。

▶ **見出し1の［スタイルの変更］ダイアログ**

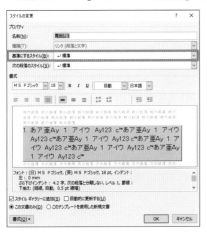

　つまり、見出しスタイルを変更した後、標準スタイルを変更するのは、避けなければなりません。では、どうすればほかの段落のスタイルに影響を与えずに、本文のみインデントを設定できるのでしょうか？

そこで、標準スタイルそのものは変更せず、本文のみをすべて選択し、書式を設定します。以下のように操作しましょう。

操作

本文のスタイルを変更

①スタイルの［標準］を右クリックし、［同じ書式を選択］をクリック

②標準スタイルが設定されているすべての段落が選択されるので、そのまま左インデントを設定する

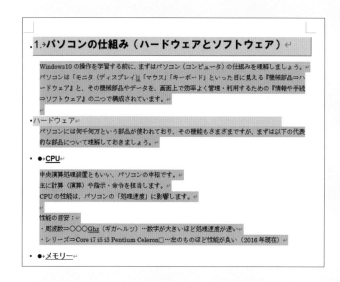

Point

　書式を設定したスタイルは、[標準（インデント付)］などの名前で、あたらしいスタイルとして登録することをおすすめします。そうすることで、あとで追加入力した本文も、すぐに同じ設定ができます。スタイルの登録方法は次項でくわしく解説するので、本文をすべて選択したままにしておきましょう。

オリジナルのスタイルで、書式の統一を極める

　これまで述べてきたように、スタイルは書式の設定を都度、一括処理できる機能です。正しく使いこなせば、文書中の書式の乱れがいっさいなくなります。

　そんなスタイルについて、これまで標準と見出しを紹介してきましたが、じつはそれら以外にも、文字単位でのスタイルやリスト・表のスタイルなど、さまざまなスタイルがあります。

　どんなスタイルを文書内に設定できるのか、一覧で確認してみましょう。Ctrl + Shift + Alt + S でスタイルの一覧が表示されます。

　次ページの図からわかるとおり、さまざまな種類のスタイルがあります。各スタイルの右側には改行マークや［a］がついています。これはいったい何でしょう?

▶ スタイル一覧

　スタイルは**段落スタイル**（改行マーク）と**文字スタイル**（[a] マーク）の
おおきく2つに分類されて、以下のような違いがあります。

▶ 段落スタイルと文字スタイルの違い

	使用できる書式設定	スタイルの設定範囲
段落スタイル	［ホーム］→［フォント］［段落］グループのどちらも可	段落単位で設定される
文字スタイル	［ホーム］→［フォント］グループのみ可	文字を選択した範囲に設定

　たとえば、［見出し1］スタイルは段落スタイルなので、文字配置もフォン
トも変えることはできます。しかし、段落単位で設定されるので、文字を選
択してその部分だけスタイルを適用させる、といったことはできません。

　一方、文字スタイルは、フォントしか変えられませんが、スタイルを設定
する文字を選べます。文書中の強調文字の書式をすべて同じにするとき、使
えそうですね。

　そして、この一覧に載っていなくても、スタイルは自分であたらしく登録

できます。実際にオリジナルのスタイルを以下の手順で作成してみましょう。

操作

スタイルの新規登録

①文書中であたらしいスタイルを設定したい文字 or 段落をすべて選択
（ここでは、さきほどインデントを設定した本文）

②［ホーム］タブ→ ［スタイル］グループ→ ［その他］ボタンから［スタイルの作成］をクリック

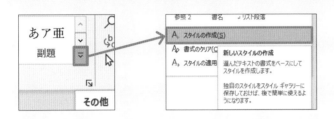

③スタイル名に任意の名前（ここでは［標準（インデント付）]）を入力して OK ボタンで閉じる

　なお、スタイル一覧の登録数が多くなって、一覧表が長くなりすぎてしまったら、次の操作で、スタイル一覧の表示を「現在文書内で使用しているスタイルのみ」に切り替えましょう。

スタイル一覧のうち使用中のスタイルのみ表示

①スタイル一覧の最下段の［オプション］をクリックし［スタイルウィ
　ンドウオプション］を表示

②表示するスタイルを［使用中のスタイル］に変更

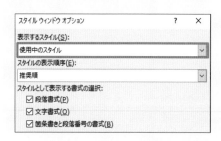

文書編集の「区切り」を マスターする

必ず知っておきたい3つの区切り方

　文書は区切り方1つで読みやすさ、作成のしやすさが大きく左右されます。特に長文文書作成で重要な3つの区切り方をおさえましょう。

段落内改行： Shift ＋ Enter

　Word の文書作成で大切な「段落」。Word における段落とは、 Enter で**改行するまでのカタマリ**を指します。その段落を分割せずに、行を改めるのが、**段落内改行**です。

　段落内改行は、たとえば「段落番号をつけずに行を変えたい」というときなどに使います。下図の①行末にある改行マークを削除し、かわりに Shift ＋ Enter で段落内改行をしてみましょう。すると、「この時、自動的に～」は前の行と同じ段落になって、段落番号がつきませんし、文字位置もそろうのです。

▶ 段落内改行を使えば、1段落中で行を分けられる

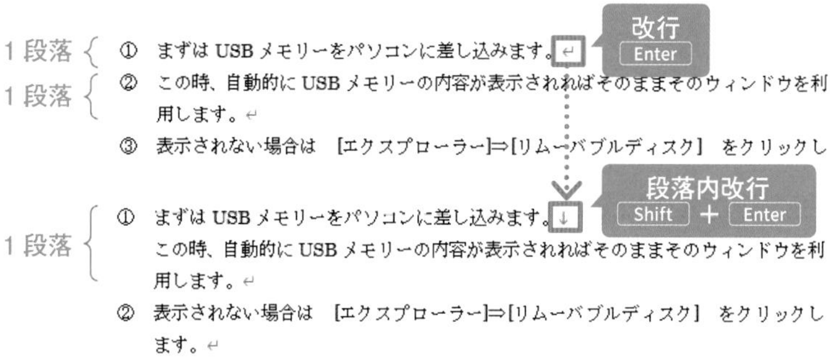

1段落 { ① まずは USB メモリーをパソコンに差し込みます。[改行 Enter]

1段落 { ② この時、自動的に USB メモリーの内容が表示されればそのままそのウィンドウを利用します。↵

③ 表示されない場合は ［エクスプローラー］⇒[リムーバブルディスク］ をクリックし

1段落 { ① まずは USB メモリーをパソコンに差し込みます。[段落内改行 Shift + Enter]
この時、自動的に USB メモリーの内容が表示されればそのままそのウィンドウを利用します。↵

② 表示されない場合は ［エクスプローラー］⇒[リムーバブルディスク］ をクリックします。↵

改ページ：Ctrl + Enter

　1ページの文章は、いくつかの段落が集まって作成されます。もしページからこぼれた文字があれば、自動的に次のページにくり下がり、ページ数が増えます。このとき、ページ中の任意の段落以降を次のページに改めたいときに使用するのが、**改ページ**です。

　改ページは Ctrl + Enter を使って、手動で挿入できますが、章などのブロック単位で自動挿入することもできます（次項でくわしく説明します）。

セクション区切り

　さきほどの改ページを挿入してページを改めても、A4縦の資料は A4縦のページのまま。ページ設定は変わりません。そこで、改ページではなく**セクション区切り**を挿入すれば、次図のようにページ設定が異なる資料が1つのファイルで作成できます。

▶ サイズやページの向き、余白の大きさをバラバラに設定できる

挿入方法は、85ページで説明しますが、ここでは、セクション区切りにいくつか種類があることをおさえておいてください。おもに使用するのは、以下の3種類です。

・次のページから開始 ：次ページに文章が移動
・偶数ページから開始 ：空白ページが自動挿入され、偶数ページに文章が移動
・奇数ページから開始 ：空白ページが自動挿入され、奇数ページに文章が移動

下2種類のセクション区切りは、見開きの資料で、ページを必ず左や右に指定したいときに使用します。その際、調整のために空白ページが入るのです。

▶ **セクション区切りを使いこなせば、見開き資料のレイアウトも自由自在**

改ページの手間は驚くほどあっさり省ける

　長文を読みやすくするには、どんなレイアウトにすればいいでしょうか？

　たとえば本を読んでいると、章や節ごとにページが区切られています（本書もそうなっています）。この区切りがなければ文章がダラダラ続くことになり、読む気も失せてしまうでしょう。

　資料も同様に考えると、一番大きな見出しである［見出し1］でページが改まると、読みやすくなりそうです。

▶ **大きな見出しごとにページが区切れていたほうが読みやすい**

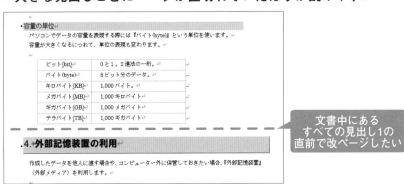

しかし、いちいち［見出し1］を見つけ出して、手作業で改ページを挿入していくのはたいへん。ここでもやっぱり、スタイルが活躍します。自動改ページの設定をして効率化させましょう。

操作

見出し1で自動改ページ

①見出し1が設定されている段落にカーソルを置く
②［ホーム］タブ→［段落］グループの右下矢印から［段落］ダイアログを開く
③［改ページと改行］タブ→［改ページ位置の自動修正］から［段落前で改ページする］にチェックして、OKボタンで閉じる

④［ホーム］タブ→［スタイル］グループ→［見出し1］を右クリック
⑤［選択個所と一致するように見出し1を更新する］をクリックしてスタイルを更新する

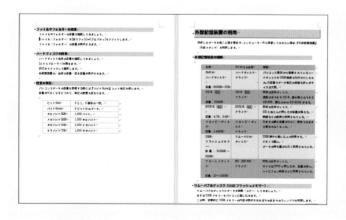

ページ番号や用紙サイズを変えたいなら「セクション区切り」

　複数ページの資料は、書式の統一が大事です。しかし、

「表紙や目次には、ページ番号を表示したくない」
「別紙資料だけは、横向きにしたい」

　など、特定のページはページ設定（用紙サイズ、余白、文字列の方向、ヘッダー・フッターなど）を変えたい場合もあるでしょう。それなのに、「勝手にページ番号が1から振られてしまう」「横置きに変更すると、すべてのページに反映されてしまう」ということがあると思います。

　そんなとき、わざわざ別ファイルで作成・管理しなくても、1つのファイルにまとめられるのが**セクション区切り**です。80ページでも説明しましたが、セクション区切りでページを改めれば、セクション単位でレイアウトを設定できるようになります。

▶ **セクション区切りで、異なるレイアウトのページも1つのファイルにまとめる**

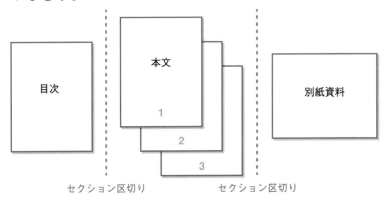

まずは、セクションの基本的な区切り方をおさえましょう。

操作

手動でセクション区切りを挿入

①セクション区切りを挿入したい箇所にカーソルを置く

②［レイアウト］タブ→［ページ設定］グループ→［区切り］→［セクション区切り］から［次のページから開始］をクリック

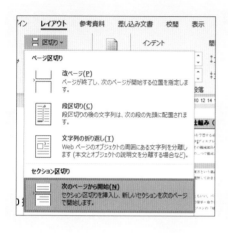

　これで、セクションごとにページ番号などのレイアウトを自由に変更できます。しかし、セクションごとにヘッダー・フッターを変えるには、**[前と同じ]** を解除しなければなりません。[前と同じ] は「1つ前のセクションと同じ内容のヘッダー・フッターにしますよ」という設定です。次の方法で解除します。

フッターの［前と同じ］を解除

①セクション区切りを挿入した次ページのフッターをダブルクリック
　して、フッターの編集画面に切り替え

②［ヘッダーとフッター］タブ→［ナビゲーション］グループ→［前と
　同じヘッダー／フッター］をクリックして解除

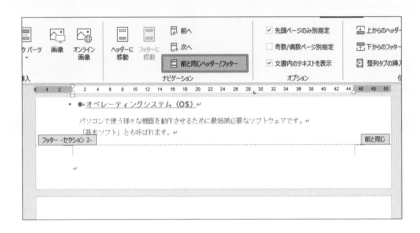

　［前と同じ］を解除したうえで、セクションごとに指定のページ数から開始
するには、以下のように操作します。

ページ番号を指定のページ数から開始

①［ヘッダーとフッター］タブ→［ヘッダーとフッター］グループ→
　［ページ番号］→［ページの下部］から［番号のみ2］をクリックし、
　ページ番号を挿入

②［ヘッダーとフッター］タブ→ ［ヘッダーとフッター］グループ→
　［ページ番号］から［ページ番号の書式設定］をクリック

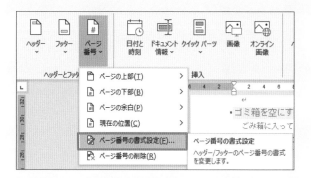

③［ページ番号の書式設定］ダイアログの［開始番号］に、指定の数字
　を入力

なお、もともと別ファイルで作成しておいた資料を、別紙資料として1つのファイルにまとめたいとき。自動でセクション区切りをしてくれる、おすすめの挿入方法があります。

操作

アウトライン表示で別ファイルを挿入

①セクション区切りを挿入したい箇所にカーソルを置く

②[表示] タブ→ [表示] グループ→ [アウトライン] をクリック

③[アウトライン] タブ→ [グループ文書] グループ→ [文書の表示]
　→ [挿入] をクリック

④[サブ文書の挿入] 画面を開いたら、挿入したいファイルを指定し [開く] ボタンをクリック

⑤カーソルのあった場所に、文書が挿入され、前後にセクション区切りが自動挿入される

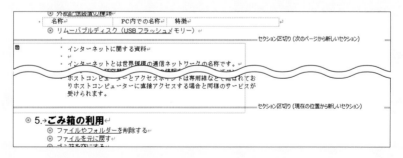

⑥挿入した文書内にカーソルがあることを確認し、[アウトライン] タブ→ [グループ文書] グループから [リンク解除] をクリック

⑦アウトライン表示を閉じて、印刷レイアウト表示に戻る

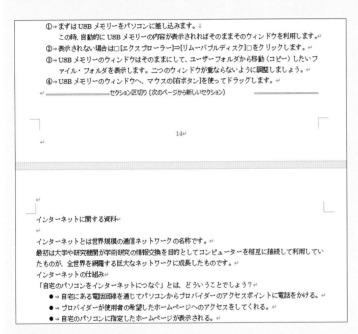

Point

　この操作で挿入したサブ文書はリンクが設定されています。そのため、もし元ファイルを移動したり、削除したりすると、エラーとなり文書が表示されなくなってしまうのです。そこで、⑥でリンクを解除しました。解除すれば、サブ文書は主文書にコピーされ埋めこまれます。

Column

段組みに使う区切り方

　この節で紹介してきた「セクション区切り」は異なるページ設定でも1つのファイルで作成する、という目的で使用しました。

　しかし、下図のように、ページ中の特定の箇所を2段組にする、というときにもセクション区切りを利用します。

▶ セクション区切りで段組みができる

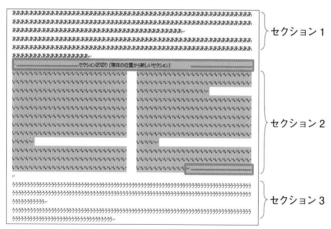

　図のとおり、2段組の前後に［セクション区切り（現在の位置から新しいセクション）］が挿入され、1ページ内でセクションが3つに分かれています。このセクション区切りは手動で挿入するわけではなく、次の操作で自動挿入されます。

操作

2段組の設定

①ベタ打ちされた文章の中から2段組みにしたい箇所を選択

②[レイアウト] タブ→ [ページ設定] グループ→ [段組み] から [2段] をクリック

　このとき、Word は文字数から左右の段組みを自動調整して配置するため、左側の段組みの最後にあった段落は分割されて右側に配置されることがあります。「ここで分割されたくない！」など段組みを調整したい場合は、**段区切り**を使用します。

▶ 段区切りを使えば、任意の位置で段組みできる

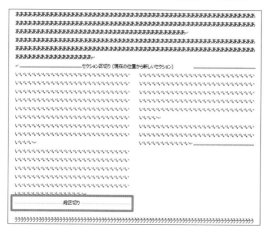

　このように、段区切りを活用すれば、左側の段に文字列を追加しても、右側の段の先頭行がズレることはありません。

操作

段区切りの挿入

①段を分けたい所にカーソルを置く

②［レイアウト］タブ→［ページ設定］グループ→［区切り］から
　［段区切り］をクリック

長文に必須なページを追加して、資料を仕上げよう

瞬時に「表紙」を作る方法

「表紙なんて、あたらしくページを追加して作成すればいい」

そう思っていませんか？じつは、Word の機能を使って作成すると、以下のメリットがあります。

・文書情報（タイトル、サブタイトル、会社名、年、ほか）を引用表示できる
・書式（フォント、改ページなど）が自動的に設定される
・文書情報を修正すれば必ず表紙の内容も更新される

より短時間で作成できますし、だれかが文書情報を修正しても、ちゃんと自動で反映される便利な機能です。ぜひ、積極的に活用しましょう。

▶ **Word の機能で作成した表紙**

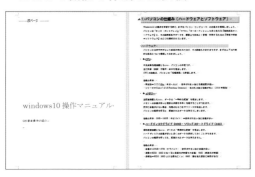

操作

表紙の作成

［挿入］タブ→［ページ］グループ→［表紙］から任意の表紙を選択

　表紙に表示されているタイトルやサブタイトル、会社名はすべてファイル
の**プロパティ情報**から引用されています。変更する場合は、ファイルのプロ
パティ情報を更新しましょう。

操作

ファイルのプロパティ情報を更新

①［ファイル］タブ→［情報］→［プロパティ］から［詳細プロパティ］
　をクリック

②表示されたダイアログに必要事項を入力

③OK ボタンで閉じる

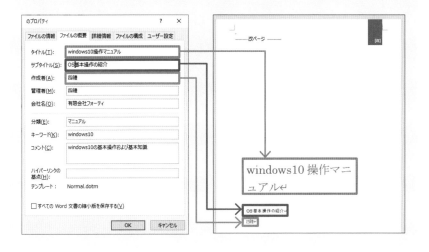

これで、編集画面に戻ると、表紙の情報が更新されます。

「目次」の作り方で、文書作成レベルがわかる

複数ページにわたる長文文書で目次は欠かせない存在です。それゆえ、目次は本文としっかり整合性をとらなければいけません。見出しと目次が違ったり、ページ数が違ったりといったミスは許されないのです。

しかし、文書を再編集していれば、見出しやページ数が変わることは頻繁にあります。その都度、内容の変更を目次に反映しなければなりません。

そうなると、やはり自力で作るのはムリがありそうですね。Word の**自動作成機能**を活用しましょう。本文の内容に変更があっても、目次も連動して更新できますので、短時間で作成できます。

ただし、目次の自動作成機能を活用するには、本章の冒頭で説明した**アウトライン入力**がしっかりできていることが大前提。ここでも最初に設計する

骨組みが影響してくるわけです。

▶ アウトラインと目次の連動

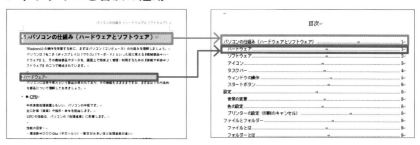

　目次の作成には84ページで説明した**セクション区切り**を使用します。まずは、以下の手順で、表紙と本文の間に空白ページを作成しましょう。

`操作`

目次作成の下準備

①本文1行目にカーソルを置く

②[レイアウト] タブ→ [ページ設定] グループ→ [区切り] → [セクション区切り] から [次のページから開始] をクリック

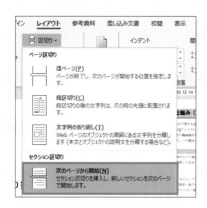

③表紙冒頭の「改ページ」の横にセクション区切りが挿入される

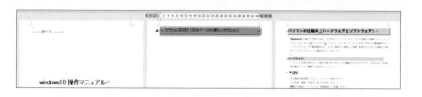

────改ページ──────←┃┃━━セクション区切り（次のページから新しいセクション）　━━━━━━

④セクション区切りの編集記号の前で改行し、次ページに移動

⑤セクション区切りの段落を選択した状態で［ホーム］タブ→［フォント］グループから［すべての書式をクリア］ボタンをクリック

⑥セクション区切りの編集記号の前にカーソルを置く

⑦「目次」と入力して改行し、フォントサイズ・配置を設定する

Point

　セクション区切りで区切っても、書式の設定は引きずるため、⑤で書式をクリアします。

これで目次を作成するページの準備が整いました。以下の操作でパパッと目次を作ってしまいましょう！

操作

目次の作成

①［参考資料］タブ→［目次］グループ→［目次］ボタン→［ユーザー設定の目次］をクリック

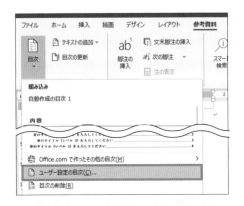

②アウトラインレベルを［2］に変更して OK ボタンで閉じる

②の「アウトラインレベル」とはアウトライン入力で設定した
レベルです。アウトライン入力はスタイルと連動しますので、見
出し1はレベル1、見出し2はレベル2として設定されます。

これで目次が作成できました。だからといって「もう目次のことは考えなくていいや」というわけではありません。目次の作成と同時におさえておかなければいけないのが**更新**です。

　作成した目次は、あくまで現時点での見出しやページ番号が表示されているだけ。内容に変更があったりページ数に変更があったりしたら、必ず目次の更新（フィールドの更新）をする必要があるのです。

操作

目次の更新

①目次内にカーソルを置いて、「F9」を押す
②［目次の更新］ダイアログで更新する内容に応じて、チェックを入れてOKボタンで閉じる

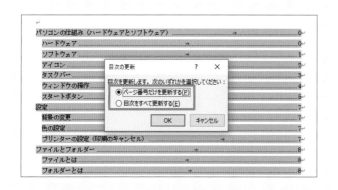

　このようにすれば、目次は都度更新できます。しかし、目次の更新は忘れてしまいがちな作業です。印刷した後で「更新するのを忘れていた！」と気づき、刷りなおすこともあるでしょう。

　それなら、あらかじめ「印刷前に自動でフィールドを更新する」設定にしておけば、更新のし忘れがありません。

印刷前に自動でフィールド更新

　［ファイル］タブ→［オプション］→［詳細設定］→［印刷］から［印刷するときに変更履歴を含むフィールドを更新する］にチェックを入れる

　自動で更新する設定にしておけば、自分だけでなく共有相手も、常に最新情報の目次を印刷できるのです。

　このように、目次の作りかたから、あなたがどのくらいWordの機能を理解し、「やさしい資料」を作れるのかがわかってしまいます。ここまでのまとめのつもりで、しっかり考えて作成できるようにしましょう。

ヘッダーに見出しをつけて、さらに使いやすい資料に

　目次があれば、使用者（読み手）は目的のページを探しやすくなります。そのうえで、さらにヘッダーに「見出し1」をつけることをおすすめします。目次を見なくても、いま見ているページにどんな内容が書かれているかわかりやすくなり、より検索性が高まります。

▶ 見出し1がヘッダーにあると、目的のページをより見つけやすい

　つまり、レベル1の内容ごとにヘッダーの内容が変わることになります。そのためには前後にセクション区切りを挿入しなければなりません。章ごとに何か所もセクション区切りを挿入しなきゃいけない、となるとたいへんですね。

　そこで、**フィールドコード**を使用すれば、セクション区切りを挿入しなくても、見出し1を自動表示できるのです。

　まず、フィールドを挿入する前に、目次直後の本文（セクション2）のヘッダーにカーソルを置いて、［前と同じ］を解除しておいてください（→86ページ）。

操作

フィールドの挿入

①［挿入］タブ→［テキスト］グループ→［クイックパーツ］→［フィールド］をクリック

②［フィールド］の画面から［分類］を［（すべてのフィールド）］にし、一覧から［Style Ref］を選択

③スタイル名の一覧から「見出し1」を選択し、OK ボタンで閉じる

④見出し1のテキストを表示したら、Ctrl ＋ R で右揃えに設定

　このように設定しておけば、ほかのページのヘッダーを1つひとつ設定しなくても、見出し1のテキストが自動表示されます。また、あとから見出しの内容を変更しても、目次やヘッダーにちゃんと反映され、常に見出しと同じテキストになるのです。

　なお、サブ文書を挟んだ後の文章はセクションが異なるため、ヘッダーに見出し1が表示されるように再度フィールドを挿入しましょう。

Column

見出しの一部分だけを
目次に使用するには？

　95ページでは目次の自動作成をご説明しました。

　このとき、目次に使用する見出しは、アウトラインに設定されている1段落ぶんのテキストがそのまま表示されます。

「目次には見出しの一部分だけ表示したい……」

　そんなとき、**スタイル区切り**（ Ctrl ＋ Alt ＋ Enter ）を挿入することで、目次に引用されるテキストを短くできます。

▶**「ファイルの保存（名前をつけて保存）」のうち**
「ファイルの保存」だけ目次に表示

ファイルの保存 （名前をつけて保存）

[見出し2]のスタイル　　　　　[標準]のスタイル
目次に表示される　　　　　**目次に表示されない**

スタイル区切り
Ctrl ＋ Alt ＋ Enter

操作

スタイル区切りの挿入

①見出しの行末にカーソルを置き Ctrl ＋ Alt ＋ Enter を押す
②次の行の文字がくり上がってきたら Enter で改行して戻す

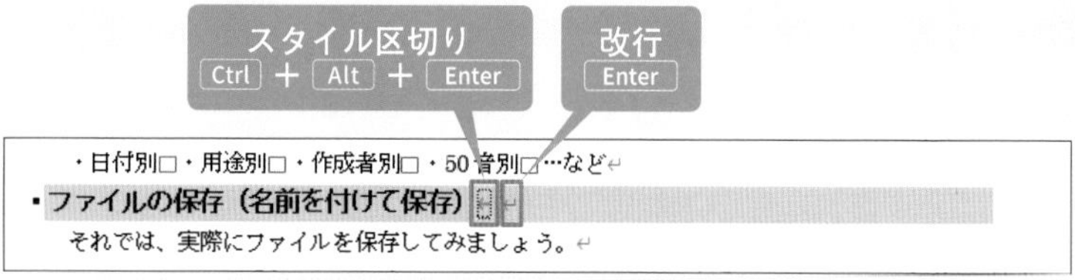
スタイル区切り
Ctrl ＋ Alt ＋ Enter
改行
Enter
・日付別□・用途別□・作成者別□・50 音別□…など
・ファイルの保存（名前を付けて保存）
それでは、実際にファイルを保存してみましょう。

③挿入されたスタイル区切りの編集記号を選択し、ドラッグして区切りたい位置に移動

④スタイルを設定したくない文字列「(名前を付けて保存)」を選択してスタイルを［標準］に戻す

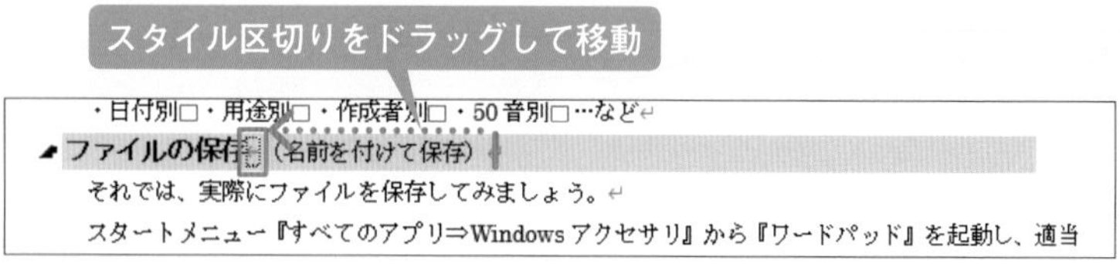
スタイル区切りをドラッグして移動
・日付別□・用途別□・作成者別□・50 音別□…など
ファイルの保存（名前を付けて保存）
それでは、実際にファイルを保存してみましょう。
スタートメニュー『すべてのアプリ⇒Windows アクセサリ』から『ワードパッド』を起動し、適当

⑤書式がクリアされるので、書式を設定する（ここでは、フォントサイズ：12pt、フォントの種類：MSP ゴシック）

⑥目次のページに戻り、目次の更新（F9）から［目次をすべて更新する］を選択する

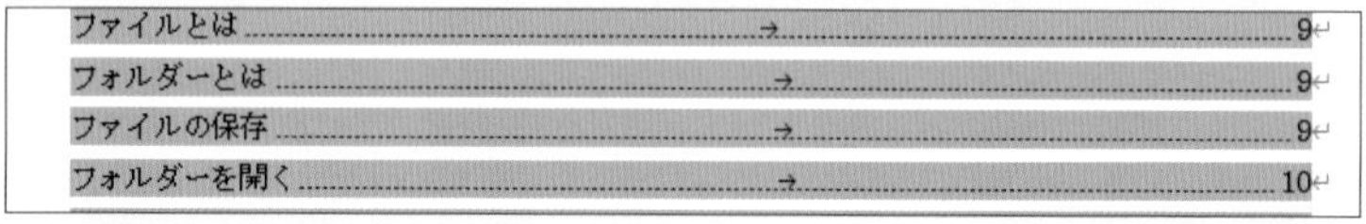
ファイルとは 9
フォルダーとは 9
ファイルの保存 9
フォルダーを開く 10

Point

③で「ファイルの保存」と「(名前を付けて保存)」の間にスタイル区切りを挿入したことで、スタイルの設定がそこで区切られます。

「なんとなくデータを集めて記録する」のをやめなさい

～ラクに入力も活用もできる最強の「リスト表」を目指す

Excel

リスト表の作成はだれでも「ムダなく」「ミスなく」入力できることに集中

　Excel最強の表。それは、**リスト形式の表**です。このリスト表がキチンと作成できれば、それを使って、さまざまな人がさまざまな業務を遂行できます。そんな重要な役目を担っているリスト表とは、どのようなものでしょうか?

　リスト表は、ひと言でいうと「データベースの基本形」です。会社は、さまざまなデータを持っています。たとえば、社員情報、商品情報、毎日の売上情報……。日々増え続けていくそれらのデータを、自分やほかの人があとで抽出や並べ替え、集計がしやすいように蓄積した"データの集まり"を**データベース**といいます。そして、このデータベースを実現する方法が下図のような「リスト表」です。

▶ **「リスト表」だから、データベースが機能する**

	A	B	C	D	E	F
1	伝票NO	受注日	社員NO	課名	担当者	商品NO
2	1001	2020年4月1日	SA04	営業1課	和田　靖子	4
3	1002	2020年4月1日	SA12	営業3課	伊藤　メイ	1
4	1003	2020年4月1日	SA08	営業2課	奥浦　進	16
5	1004	2020年4月1日	SA10	営業3課	永田　真一	1
6	1005	2020年4月1日	SA08	営業2課	奥浦　進	12
7	1006	2020年4月2日	SA12	営業3課	伊藤　メイ	7
8	1007	2020年4月2日	SA09	営業3課	黒瀬　次郎	13
9	1008	2020年4月2日	SA07	営業2課	坂田　一郎	2
10	1009	2020年4月2日	SA01	営業1課	平木　蘭	2

・データの追加・削除がかんたん

・項目ごとの抽出・並べ替えがかんたん

・さまざまな集計の元データとして利用できる

　「なんだ。シンプルな表だし、かんたんに作れそう!」と思うかもしれません。じつはこのリスト表の作成にExcelを使ううえで大切なことがすべて凝

縮されているのです。

　リスト表の最大の作成ポイントは、**だれもが効率的にミスなく入力できる**ようにすること。日々集まるデータをこのリスト表に入力していくわけですが、これは後々すべての集計のもとになる大切なデータです。いかにミスなく、そしてすばやく入力できるかが大事になります。

　これはリスト表に限った話ではありません。Excel を利用するとき「データ入力」という作業はまぬがれないでしょう。つまり、「ミスなく効率よく入力できる」を本章で極めれば、Excel を使ったすべての業務に影響を与える、といっても過言ではないのです！

　表計算ソフトによる「全社会人にやさしい資料作成」では、この「最強の表」の作成方法、そしてこの表を実務でどう活用すればいいのかを学びましょう。

▶ リスト表の作成チェックポイント

☑ 集計に必要な項目を用意する
（→ 109 ページ）

	A	B	C	D	E		F	G	H
1	伝票NO	受注日	社員NO	課名	担当者		商品NO	商品区分	商品名
2	1001	2020年4月1日	SA04	営業1課	和田　靖子		4	野菜詰め合わせ	サラダ野菜
3	1002	2020年4月1日	SA12	営業3課	伊藤　メイ		1	野菜詰め合わせ	北海道直産物
4	1003	2020年4月1日	SA08	営業2課	奥浦　進		16	魚加工品	お好み干物
5	1004	2020年4月1日	SA10	営業3課	永田　真一		1	野菜詰め合わせ	北海道直産物
6	1005	2020年4月1日	SA08	営業2課	奥浦　進		12	肉加工品	手作りハム
7	1006	2020年4月2日	SA12	営業3課	伊藤　メイ		7	野菜単品	玉ねぎ
8	1007	2020年4月2日	SA09	営業3課	黒瀬　次郎		13	肉加工品	手作りベーコン
9	1008	2020年4月2日	SA07	営業2課	坂田　一郎		2	野菜詰め合わせ	無農薬野菜
10	1009	2020年4月2日	SA01	営業1課	平本　豊		2	野菜詰め合わせ	無農薬野菜

☑ 入力規則や関数で入力の
手間を減らす
（→ 111 ページ）

☑ 入力した値から関連データを自動転記
（→ 119 ページ）
☑ 閲覧しやすいように、文字を配置する
（→ 134 ページ）

入力前の「設計」がカギを握る

データベースは2種類のリスト表の組みあわせ

「ミスなく効率よく入力する」ための第一歩は、データベースのしくみをキチンと理解することです。Excel でデータベース機能を活用するには、以下2種類のリスト表を作成する必要があります。

・マスター ：社員名簿、顧客名簿、商品一覧表……など
・明細表 ：売上伝票にもとづく情報、経費の入出金、在庫の情報……など

　この2つの表はどう違うのでしょうか？　前者の「マスター」は頻繁に入力する必要がない**固定情報**を扱う表です。たとえば、社員名簿は社員が入社したり退職したりで、定期的にデータが増減するでしょうが、頻繁に入力する必要はありませんね。一方、後者の「明細表」は売上情報などの日々**動く情報**で、頻繁に入力する表です。

　この2種類の表を組みあわせるのが「効率よくミスなく入力する」データベースのキホン。たとえば、リスト表に毎日の売上情報を入力する場合で考えてみましょう。売上情報の表には、もちろん売れた商品の情報（商品名や単価など）も入力します。もし複数人のお客様が同じ商品を購入したら、何度も同じ商品情報を入力しなくてはなりません。毎日同じデータをくり返し入力するのはたいへん手間ですし、「商品名が変わった！」となったら、表中すべての商品名を修正する必要がでてきます。

　そこで、あらかじめ商品情報をまとめた「マスター」を作っておくのです。

この商品マスターには商品名、単価だけでなく商品番号も振り、売上明細表と連動するように設定します。こうしておけば、売上明細表には商品番号を入力するだけで、ほかの商品情報は商品マスターから呼び出せるのです。

▶ **マスターと明細を組みあわせれば最小限の入力ですむ**

売上明細表　　　　　　　　　　　　　商品マスター

まとめると、データベースを作成すれば、以下の2つのメリットがあります。

・入力自体を最小限にすることで、ミスを減らし入力時間も短縮できる
・マスターを修正すれば、明細のリスト表にも自動で反映される

このように、2種類の表を作ることで、どんどん蓄積されて増えていくリスト表を、より正確にすばやく入力できるようになります。

表の目的に沿って項目を設計しよう

さっそく、リスト表を作成していきますが、まずは「何に使用するための表なのか」という**目的**をちゃんと据えましょう。「なんとなく仕事しているっぽいから作る」では、表を活用する場面もないのに、ただ情報を入力し続ける、というムダな作業に時間を費やしてしまいます。

ここでは「商品の売上データを集めて、いろんな観点から集計したい」という目的で、考えてみましょう。

①集計に必要な情報を考える

売上情報の集計には、以下5つのデータが必要だ、と想定されます。

・いつ販売した？　（売上日）
・だれが販売した？　（社員情報）
・だれに販売した？　（顧客情報）
・なにを販売した？　（商品情報）
・いくつ販売した？　（売上個数）

②明細とマスターにふりわける

さきほどの5つの情報を、明細（動く情報）とマスター（固定情報）にわけましょう。明細シートに作成するような、都度変化する情報はどれでしょうか？　それは「売上日」と「売上個数」の2つです。一方、それ以外の3つの情報（社員・顧客・商品）は、マスターで用意することになります。

▶ シートをわけてリスト表を作成する

③どんな集計がほしいか細かく考える

さらにリスト表ごとの**項目**を考えましょう。以下のように「どんな観点で売上を分析したいのか」を考えれば、必要な項目がみえてきます。

「商品ごとの売上集計だけでなく、大きな区分での売上も見たい」
　→商品区分

「商品が男性・女性、さらにはどの年代に人気があるのか知りたい」
　→顧客情報の性別・年齢

「社員ごとの営業成績だけでなく、課ごとの集計も知りたい」
　→社員情報の課名

　リスト表は、この時点で**集計に必要な項目（フィールド）**を含めることが
とても大切。集計に必要な項目はちゃんと用意できているでしょうか？

　日付情報がないのに、日計や月集計は求められません。
　都道府県が入力されていないのに、都道府県別集計は求められません。

　あたりまえのことだ、と思うかもしれませんが、「項目は入力しながら考
えればいい」なんて気楽にかまえていると、データをたくさん入力したあと
で必要な項目に気づいて、あわてて追加することになります。「伝票を探し、
1件目のデータから入力しなおさなければならない」なんて気が遠くなる作
業はできる限り回避しましょう。

　そのほか、マスターも明細も共通して、リスト表の項目を検討するときは、
次の2点に注意してください。

・1列目に重複しないデータの基準列（キーになる列）を作成する
・項目（フィールド）名は必ず入力し、重複しないようにする

「手入力」を極力なくせばムダもミスもなくなる

　ここまでで、「どんな項目が必要か」は設計できました。では、データの
入力はどのようにすればよいのでしょうか？　リスト表の場合、次の2つを
守って入力する必要があります。

・1行1件で入力する（1件のデータは「レコード」と呼びます）
・空白行は作らない（表が分割されてしまいます）

このキホンをふまえたうえで、最初にリスト表を作成する人は、だれでもミスなくストレスなくデータを入力できる**設定**をしておきましょう。具体的には、列単位で「入力規則」や「関数による自動入力」を設定しておくと便利。

特にマスターは、必ず一度は手入力が必要なリスト表です（データを取りこむ場合を除く）。ここでは、入力データが多い顧客マスターを作成してみましょう。以下のように設定します。

▶ 顧客マスターの項目ごとの設定

	項目名	入力規則による制限	関数による自動入力
1列目	顧客 NO	半角数値	行数から連番を自動入力
2列目	顧客名	日本語	
3列目	フリガナ		[顧客名] のフリガナを自動入力
4列目	メールアドレス	半角アルファベット	
5列目	性別	日本語	
6列目	年齢	半角数値	

なお、このような入力規則や関数による自動入力、書式の設定などは、**列単位で設定**するよう心がけてください。ちゃんと列を選択してから設定することで、データの統一を図ります。

入力規則の設定

1件のデータでも、日本語・英語・数字・半角・全角……項目ごとに適した入力形式は変わります。データを入力しながらいちいち IME の入力モードを切り替えたり、切り替えのミスで文字を修正したりするのは、めんどう。こんな小さなストレスをためこまず、日常業務はスムーズにこなしたいですね。

そこで、列ごとに入力モードが自動で切り替わってくれると、とても便利です。この設定自体はかんたんにできるので、知っているか知らないかがスキルの差になります。

操作

入力モードの自動切り替え

①入力規則を設定したい列を選択（離れた列を複数選択する場合は、
[Ctrl] を押したまま、列番号をクリック）

J	K	L	M	N	O
顧客NO	顧客名	フリガナ	メールアドレス	性別	年齢
1	加瀬 早織	カセ サオリ	kase_saori@example.com	女	48
2	野村 剛基	ノムラ ゴウキ	nomura_yoshiki@example.com	男	27
3	谷川 なつみ	タニガワ ナツミ	tanikawa_natsumi@example.com	女	71
4	小沼 メイサ	コヌマ メイサ	konuma_meisa@example.com	女	78
5	真矢 直人	マヤ ナオト	maya_naoto@example.com	男	65
6	谷川 浩太郎	タニカワ コウタロウ	tanikawa_koutarou@example.com	男	60
7	早美 礼子	ハヤミ レイコ	hayami_reiko@example.com	女	62
8	今 洋	コン ヒロシ	ima_you@example.com	男	77
9	石原 三郎	イシハラ サブロウ	ishihara_saburou@example.com	男	74
10	河本 璃子	カワモト リコ	koumoto_riko@example.com	女	23

②［データ］タブ→［データツール］グループ→［データの入力規則］
ボタンをクリック

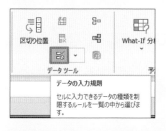

③［日本語入力］タブをクリックし、設定したい入力モードを選択

④OK ボタンで閉じる

Point

顧客マスターでは、③で以下のように設定します。

・[顧客 NO] [メールアドレス] [年齢] の列：オフ（英語モード）

・[顧客名] [性別] の列：ひらがな

関数による自動入力（フリガナの自動表示）

顧客名からフリガナを自動的に表示するように関数で設定しておけば、フリガナを手入力にする場合と比較して、労力は半分ですみます。

フリガナを表示したいセル（L2）を選択し、次の数式を入力しましょう。

= PHONETIC(K2)

[Enter] で確定すると、引数で参照した「K2」のフリガナが表示されます。相対参照でL列に数式をコピー（セル右下のフィルハンドルをダブルクリック）すれば、フリガナの自動表示設定の完成です！

ただし、ここで表示されるフリガナは「漢字をどう入力したか」に左右されます。たとえば、顧客名の項目で「四禮」と入力するとしましょう。このとき、そのままの読み仮名（シレイ）で入力しても、ふつう一発で漢字変換はできません。しかし、「四（ヨン）」「禮（レイ）」と分けて入力して変換すると、フリガナの項目は「ヨンレイ」と表示されてしまいます。

　そこで、以下の手順で顧客名のフリガナ情報を修正しましょう。

操作

フリガナ情報の修正

①該当のセル（ここでは、「四禮」と入力したセル）を選択
②[ホーム] タブ→ [フォント] グループ→ [ふりがなの編集] をクリック

③表示されたフリガナにカーソルが出るので、フリガナを修正する

④ [Enter] で確定すると、反映される

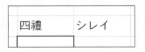

関数による自動入力（連番の自動表示）

　顧客名を入力すると、自動的に顧客NOに番号を振るようにすれば、データの入力項目数が減ります。手入力が最小限になれば、ミスも手間もなくなりますね。

　前作『スペースキーで見た目を整えるのはやめなさい』では行数をもとに、連番を自動入力する方法を説明しました。今回のリスト表でも、同じ方法が有効です。

　ワークシートの1行目に項目（フィールド）名があり2行目からレコードが入力されている場合、顧客NOのセル（J2）に以下の数式を入力します。

=IF(K2<>"",ROW(K2)-1,"")

「もし、顧客名（K2）にデータがあるなら、行番号から-1の数を表示してね。それ以外は空白にしてね」という意味の式です。第3引数の「-1」は項目行をカウントしないために入力しました。

　今回作成している「データベースに使用するリスト表」の場合、顧客NOのような基準列を固定にしておきたいので、上記のように行数でカウントしましょう。

▶ 行数から連番を振った場合

		=IF(K5<>"",ROW(K5)-1,"")				
J	K	L	M	N	O	
顧客NO	顧客名	フリガナ	メールアドレス	性別	年齢	
1	加瀬 早織	カセ サオリ	kase_saori@example.com	女	48	
2	野村 剛基	ノムラ ゴウキ	nomura_yoshiki@example.com	男	27	
3	谷川 なつみ	タニガワ ナツミ	tanikawa_natsumi@example.com	女	71	
			konuma_meisa@example.com	女	78	
5	真矢 直人	マヤ ナオト	maya_naoto@example.com	男	65	

　ちなみに、存在するデータの個数で連番を作成する方法もあります。この方法で作成すると、データがキチンと入力されていれば連番になりますが、

データが未入力だったときカウントされません。

▶ データの個数から連番を振った場合

fx	=IF(K5="","",COUNTA($K$2:K5))					

J	K	L	M	N	O
顧客NO	顧客名	フリガナ	メールアドレス	性別	年齢
1	加瀬 早織	カセ サオリ	kase_saori@example.com	女	48
2	野村 剛基	ノムラ ゴウキ	nomura_yoshiki@example.com	男	27
3	谷川 なつみ	タニガワ ナツミ	tanikawa_natsumi@example.com	女	71
			konuma_meisa@example.com	女	78
4	真矢 直人	マヤ ナオト	maya_naoto@example.com	男	65

　このように、データの個数でカウントするには、顧客NOのセル（J2）に以下の数式を入力し、コピーしましょう。

=IF(K2="","",COUNTA($K$2:K2))

「もし、顧客名が入力されていなければ、空白にしてね。そうじゃなければ、顧客名の入力セルを数えてね」という意味の式になります。

　ちなみに、第3引数の **COUNTA 関数** は「指定の範囲内で、データが入力されているセルを数える」関数です。COUNTA の第1引数で、数えはじめるセルを指定します。数えはじめは常に「顧客名」の1人目からなので、絶対参照（$）で固定しました。

　このように設定すると、顧客名が未入力だったとき、顧客NOはふられず、1行飛ばして連番になりますが、あとからでも顧客名を入力すれば、自動的に番号がふりなおされます。

　そのほかの設定として、日付の項目があれば、**表示形式**を統一するように設定しておくことをおすすめします。複数年ぶんのデータを入力する場合は、月日だけでなく年も表示するといいですね。

操作

日付の表示形式を変更

①該当の列を選択

②[Ctrl] + [1]で［セルの書式設定］画面を表示

③［表示形式］タブ→［日付］をクリックし［種類］から表示したい形
　式を選択

④OK ボタンで閉じる

　リスト表にデータを入力するのは、日々の業務の一環になります。あなた
も共有相手も、残業なく帰れるよう、できるだけミスなくすばやく入力でき
る工夫を事前にしておきましょう。

データを転記する「VLOOKUP関数」のキホン

入力規則や関数などの設定も終わり、明細もデータ入力前の準備がほぼ整いました。あとは、マスターにある情報を明細のリスト表に**自動転記**できるように設定しましょう。

自動転記のイメージはスーパーのレジに近いです。レジで商品のバーコードを読みとると、商品名や単価がレシートに印字されますね。これはなぜなのか、考えたことはあるでしょうか？

レジ1つひとつに商品の一覧情報が入力されている、というわけではありません。レジとは別のところに商品の一覧表を作成して置いてあるのです。すべてのレジはこの一覧表を常に使って、バーコードを基準に商品情報を探し、転記しています。

こうすることで、商品を追加・削除したり、商品名や単価が変わったりしても、商品の一覧表を修正するだけですむのですね。

このデータの転記を Excel 内で実現するのが **VLOOKUP 関数**。この関数は、バーコードのかわりになる「商品番号」や「社員番号」などの基準値を使って、マスターのリスト表から情報を探してくるのです。

VLOOKUP 関数の基本的な考え方をおさえたうえで、以下の手順で数式を組んでみましょう！

①マスターの各表に「名前の定義」

まずは、数式を組む前に、あらかじめマスターとして作った各リスト表に**名前の定義**をしておきましょう。なぜなら、VLOOKUP 関数を使う場合、検索する範囲としてマスターの各リスト表を指定するからです。このとき、

後々数式のコピーをしても、同じ範囲で検索できるように固定しなければなりません。ここで、リスト表自体に名前を定義しておけば、数式をコピーしてもズレることはなくなりますし、$をつけるよりも断然わかりやすくなります。

マスターにデータを入力し終わったら、それぞれ以下の手順で「商品一覧」「社員一覧」「顧客一覧」と名前を定義してください。

操作

リスト表に「名前の定義」を設定

①定義したいリスト表の範囲を選択
②名前ボックスに名前を入力し Enter で確定

② VLOOKUP 関数の数式を組み立てる

名前の定義が完了したら、いよいよ明細シートで VLOOKUP 関数の数式を組み立てます！ ここでは、明細シートの C 列「社員 NO」に番号を入力したら、課名・担当者が自動で表示されるようにしましょう。

	A	B	C	D	E
1	伝票NO	受注日	社員NO	課名	担当者
2	1001	2020年4月1日			
3	1002	2020年4月1日			

課名を表示したいセル（D2）を選択し、数式バーに次の数式を入力してください。

=VLOOKUP($C2, 社員一覧 ,2,0)

引数の意味はそれぞれ以下のようになります。

第1引数 （検索値）	$C2	「何を基準の値にして、リスト表を検索するか」を指定します。つまり、ここでは C2の値です。のちほど数式は、右にも下にもコピーするので、列が移動しないように F4 を3回押して、列番号のみ絶対参照（$マーク）にしましょう なお、VLOOKUP 関数は、リスト表（第2引数で指定した範囲）の1列目だけを使って検索します。よって、基準値（「社員 NO」の列に入力する値）は、ちゃんとリスト表の1列目に存在する値なのか確認してください
第2引数 （範囲）	社員一覧	探す範囲は、さきほど名前を定義した「社員一覧」の表になります。「社員一覧」と数式に直接手入力しても、F3 を押して定義された名前の一覧（名前の貼り付け）から選択しても OK です
第3引数 （列番号）	2	D2で「社員一覧」の左から2列目に記載されている「課名」を表示したいので、「2」を入力します。「担当者」を表示したい場合は3です
第4引数 （検索方法）	0	「完全一致」か「近似値」か、どちらの方法で検索するか選べます。ここでは完全一致で検索したいので、0または FALSE を入力しましょう

③エラーになったら非表示になるように設定する

　これで、C2に社員 NO を入力すれば、D2にその社員 NO を持つ社員の課名が表示されます。しかし、このままだと、C 列の社員 NO が未入力であったり、元表の範囲にない番号を入力したりすると、エラーになってしまいます。

　「正しいデータを入力すれば結果が表示されるから、放置してもいい！」と

いうのは、自分1人でこの表を使うことが前提の発想です。だれかと共有するなら、相手が戸惑うことがないように、エラー値は非表示にしましょう。エラーの非表示には、**IFERROR 関数**を使います。

さきほど VLOOKUP 関数の数式を入力したセルをクリックし、数式バーで下記のように数式を修正してください。

=IFERROR(VLOOKUP($C2, 社員一覧 ,2,0),"")

引数の意味はそれぞれ、以下のようになります。

第1引数 （値）	VLOOKUP ($C2, 社員一覧 ,2,0)	VLOOKUP 関数の結果が正しい場合、表示される値です。さきほど組み立てた数式がそのまま入ります
第2引数 （エラーの場合の値）	""	VLOOKUP 関数の結果がエラーの場合、何を表示したいのかを入力します。"" は非表示を意味します

数式を横にコピーして、引数を修正

数式を1列横にコピーすると、「担当者」の項目に、「課名」と同じ値が表示されます。これは、VLOOKUP 関数の第3引数が「2」のままだからです。担当者は一覧表の3列目にあるので、「3」に修正しなおしましょう。

	×	✓	fx	=IFERROR(VLOOKUP($C2,社員一覧,3,0),"")		
B		C	D	E		F
受注日		社員NO	課名	担当者		商品NO
2020年4月1日		SA04	営業1課	和田　靖子		4	野
2020年4月1日		SA10	営業2課	伊藤　メイ		1	野

これで、社員 NO をもとに課名や担当者を表示できました。同様に、商品 NO を入力したら［商品区分］［商品名］、顧客 NO を入力したら［顧客名］［性別］［年齢］が表示されるように、引数を修正しましょう。最後に、数式を下にコピーすれば、完成です！

「テーブル」の設定でリスト表の更新もラクラク

　前項でマスターのリスト表の情報を明細表に自動転記できるようになりました。しかし、もしマスターの情報が増減したらどうすればいいでしょうか？　たとえば、商品が増えた場合は？

　さきほど、VLOOKUP関数で検索範囲として指定した社員一覧表には「名前の定義」を設定しました。商品マスターには「商品一覧表」という名前を定義しています。このように名前を定義すれば絶対参照となるので、数式を組むときに便利。しかし、商品が増えて、商品マスターに情報を追加したなら、その追加情報も VLOOKUP 関数の検索対象となるので、「商品一覧表」の範囲を修正する必要があるのです。

　都度範囲を指定しなおすのはめんどうなので、マスターの各リスト表は**テーブル**に変換しましょう。マスターのリスト表をテーブルに変換すれば、データが追加されても自動で拡張されます。

▶ テーブルに変換されたリスト表（書式は自動で設定されます）

	A	B	C	D
1	商品NO	商品区分	商品名	単価
2	1	野菜詰め合わせ	北海道直産物	2980
3	2	野菜詰め合わせ	無農薬野菜	4980
4	3	野菜詰め合わせ	農家直販	3800
5	4	野菜詰め合わせ	サラダ野菜	1800
6	5	野菜詰め合わせ	根菜	2780
7	6	野菜詰め合わせ	長ярат直販	3200
8	7	野菜単品	玉ねぎ	1980
9	8	野菜単品	ジャガイモ	1980
10	9	野菜単品	人参	1980
11	10	肉加工品	ハム詰め合わせ	3980
12	11	肉加工品	ソーセージ詰め合わせ	3800
13	12	肉加工品	手作りハム	4500
14	13	肉加工品	手作りベーコン	4800

リスト表をテーブルに変換

①リスト表内にアクティブセルを置く

②[挿入] タブ→ [テーブル] をクリック（ [Ctrl] + [T] ）

③[先頭行をテーブルの見出しとして使用する] にチェックがあるのを
　確認し OK ボタンで閉じる

Point

　テーブルに変換すると書式が自動で設定され、オートフィルター
のボタンが表示されます。不要な場合は、[データ] タブ→ [並べ
替えとフィルター] グループ→ [フィルター] のボタンをクリッ
クしましょう（ [Ctrl] + [Shift] + [L] ）。

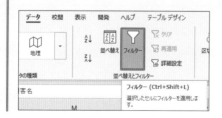

Column

サクサク入力したいなら「フォーム」がおすすめ！

　あなたはいつもデータをどのように入力しているでしょうか？　1件ごとに「入力→ Enter で確定→ Tab で横に移動→入力……」をくり返すのがキホンではあります。しかし、ちょっとした操作ミスで、

「アクティブセルが先頭に戻らない」
「行をまちがえて入力してしまった」
「組まれていた数式を削除してしまった」

とあわてることもあるでしょう。「入力」は毎日のようにおこなう作業です。こんなところでストレスは感じたくないですね。

　そこで、**フォーム**機能を利用すれば、カードのように1件ずつ情報を入力できて、さきほどのような「入力する行をまちがえた、数式を消してしまった」などのミスもなくなります。

▶ 1件ごとのデータを1画面で入力できる「フォーム」

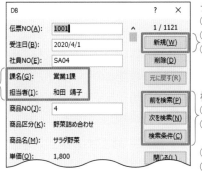

VLOOKUP 関数の自動転記の項目

データの入力方法
①各項目の空欄にデータを入力
②[新規]をクリック
③あたらしいカードが表示されるので、①②をくりかえす

検索方法
①[検索条件]をクリック
②各項目の空欄に検索条件を入力
③[次を検索]をクリック
④検索結果が表示される

さらに、フォームは「検索」もできます。検索と言えば、Ctrl + F がパッと思いつきますが、なにが違うのでしょうか？

　フォーム検索の特徴は「フィールドごとに検索できる」点です。たとえば、伝票 NO の「1100」を検索したい、としましょう。Ctrl + F で検索すると、すべてのセルが対象になってしまうので、もし顧客 NO にも「1100」があると、伝票 NO の「1100」だけでなく、顧客 NO の「1100」のデータも引っかかってしまいます。

　それに対して、フォームの場合はフィールドごとに検索できるため、伝票 NO の「1100」だけに絞りこめるのです。

▶ フォームを使うと、フィールドごとに検索できる

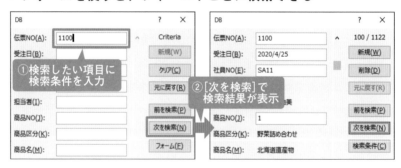

　このようにフォームは、リスト表の項目が多かったり、データを絞りこんで検索したかったりするときにはたいへん便利な機能です。そのわりにリボンに表示されていない機能なので、フォームのボタンをクイックアクセスバーに追加しておくのをおすすめします。

▶ クイックアクセスツールバーの「フォーム」ボタン

操作

クイックアクセスツールバーにフォームボタンを表示

①[クイックアクセスツールバーのユーザー設定] ボタンから [その他のコマンド] をクリック

（または [ファイル] タブ→ [オプション] → [クイックアクセスツールバー] を選択)

②[コマンドの選択] を [すべてのコマンド] に変更
③一覧から [フォーム] を選択し、[追加] ボタンをクリック

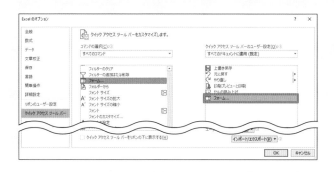

④OK ボタンで閉じる

　リスト表にデータを入力するには、リスト内のセルをクリックしたあと、追加したフォームのボタンをクリックするだけ。1件目のデータが表示されるので、新規ボタンをクリックすれば、あたらしいカードが表示されます。「必要事項を記入→新規ボタン→必要事項を記入…」をくりかえして、どんどんデータを入力しましょう。

機能性も見栄えも両立させる
3つのオキテ

▌セル結合は意識して使わない

　1章でもご説明したように「データとして入力・閲覧する表」と「最初から印刷を前提とする表」では、適切な書式設定が大きく違います。この章で扱っているリスト表はデータを蓄積するための表なので、入力のしやすさ、閲覧のしやすさを最優先に考えましょう。

　このような「資料の何を大事にするのか」を見失った結果、見栄えばかり重要視してしまい、リスト表本来の機能をダメにしているケースはたくさんあります。その代表例が**セル結合**。セル結合は、集計できない、選択できない、フィルターが使えないなど、さまざまな弊害があります。

　ついついセル結合を使ってしまいそうなシーンもありますが、どうすればセル結合を使用しない「最強の表」になるのか、を考えていきましょう。

項目行が2行になるので、セル結合で1つにまとめたい

　下図のＤ列の項目を見てみましょう。「所属」「課名」とセルがそれぞれ分かれています。こうなると、ほかの列の項目もそろえるためにセル結合をしたくなってしまいますね。

▶ 2行の項目行をセル結合でまとめたケース

	A	B	C	D	E	F	G
2	伝票NO	受注日	社員NO	所属	担当者	商品NO	商品区分
3				課名			
4	1001	2020年4月1日	SA04	営業1課	和田　靖子	4	野菜詰め合わせ
5	1002	2020年4月1日	SA12	営業3課	伊藤　メイ	1	野菜詰め合わせ

｝ セル結合で
項目行を1行に見せている

このようにムダなセル結合した状態で「商品NOで特定のデータを抜き出したい」とフィルターを設定（ Ctrl ＋ Shift ＋ L ）したとしましょう。すると、1つに結合したつもりだった項目の行が分割され、2行目は空白行とみなされます。この空白行は所属の「課名」とあわせて1件（レコード）として認識され、フィルターの選択肢に表示されてしまいます。

▶ セル結合でムダな空行が生まれる

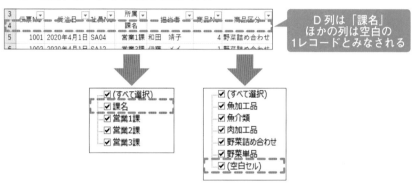

D列は「課名」
ほかの列は空白の
1レコードとみなされる

　さらに、肝心の並べ替えをしようとすると、下記のメッセージが表示されてしまうのです。

　これを解決する方法はとてもかんたんで、「所属」「課名」を1セルに入力し、その間を**セル内改行**（ Alt ＋ Enter ）をするだけです。項目を2行にしたい場合は、1つのセル内で改行すれば、セル結合は必要ありません。

3	伝票NO	受注日	社員NO	所属課名	担当者		商品
4	1001	2020年4月1日	SA04	営業1課	和田　靖子		4

重複するデータは非表示にしたい

　リスト表でセル結合するケースのもう1つが「重複データを非表示にしたい」とき。データベースとして使用するリスト表は**重複データもすべて表示**するのがキホンです。しかし、それ以外の用途で使うなら、「同じデータをすべて表示したくない」ケースはあるでしょう。

　下図は、データが密に入っていると、どこからどこまでが同一日の注文かわかりにくいため、同じ日付をセル結合でまとめています。

▶ 重複データをセル結合でまとめたケース

	A	B	C	D	E	F
1	伝票NO	受注日	社員NO	課名	担当者	商品NO
2	1001	2020年4月1日	SA04	営業1課	和田　靖子	4
3	1002		SA12	営業3課	伊藤　メイ	1
4	1003		SA08	営業2課	奥浦　進	16
5	1004		SA10	営業3課	永田　真一	1
6	1005		SA08	営業2課	奥浦　進	12
7	1006	2020年4月2日	SA12	営業3課	伊藤　メイ	7
8	1007		SA09	営業3課	黒瀬　次郎	13
9	1008		SA07	営業2課	坂田　一郎	2
10	1009		SA01	営業1課	平木　蘭	2
11	1010		SA12	営業3課	伊藤　メイ	20
12	1011		SA05	営業2課	武藤　俊彦	11
13	1012		SA03	営業1課	山木　裕	8
14	1013	2020年4月3日	SA03	営業1課	山木　裕	9
15	1014		SA09	営業3課	黒瀬　次郎	16

　このようにしたくなる気持ちはわかるのですが、セル結合でまとめてしまうと、日付ごとの集計ができなくなり、「使えない」リスト表になってしまいます。

　こんなときはセル結合ではなく、**条件付き書式＋表示形式**で処理しましょう。

操作

重複データの非表示

①項目（フィールド）名を除く列をすべて選択（ここでは、B2を選択
し [Ctrl] + [Shift]+[↓]）
②[ホーム] タブ→ [スタイル] グループ→ [条件付き書式] → [セル
の強調表示ルール] → [指定の値に等しい] をクリック

③セルの指定に [= (1つ前行のセル)] を入力（ここでは、[=B1] と
入力）
④書式から [ユーザー設定の書式] を選択

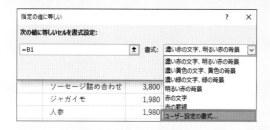

⑤［セルの書式設定］のダイアログで［表示形式］タブ→［ユーザー定
　義］を選択
⑥種類の枠内に「;;;」（半角セミコロンを3つ）を入力

⑦OK ボタンで閉じる

Point

　③で［=B1］と入力したのは、「B2のデータが B1のデータと同
じならば」という条件にするためです。また、⑥で入力した「;;;」
はデータを非表示にする表示形式です。

　このように操作すれば、セル結合を使わずに、重複データのみが非表示に
なります。もちろんデータは削除していませんので、集計をとることもでき
ます。

NO	受注日	社員NO	課
01	2020年4月1日	SA04	営業
02		SA12	営業
03		SA08	営業
04		SA10	営業
05		SA08	営業
06	2020年4月2日	SA12	営業
07		SA09	営業
08		SA07	営業
09		SA01	営業
10		SA12	営業
11		SA05	営業
12		SA03	営業
13	2020年4月3日	SA03	営業
14		SA09	営業
15		SA03	営業

表のタイトルを1行目のど真ん中に置きたい

「リスト表にタイトルをつけたい」という場合、シート内にタイトルはいりません。シート見出しにタイトルをつければいいはずですし、印刷時にタイトルがほしいならヘッダーに入力すればいいからです。

　それでも「ワークシート内にタイトルを作成したい！」と、セル結合でタイトルを真ん中に配置するとどうなるでしょうか。すると、タイトル行も「表の一部」とみなされ、テーブルに変換（Ctrl + T）すると、タイトルが項目行とみなされてしまいます。

▶ タイトルまでテーブルに含まれてしまう

　じつは、これはセル結合が悪いというより、タイトルのつけ方が悪いのです。かんたんな解決方法は、タイトル行とリスト表の間に空白行を1行入れ

133

ます。空白行が入ることで、1行目と3行目以下のリスト表は別表とみなされ、リスト表が操作しやすくなるのです。

▶ **タイトルとリスト表の間に空行を作る**

　ここまでで、セル結合を使ってはいけない理由を説明してきましたが、はたしてセル結合は"悪"なのでしょうか？　いいえ、使い方によっては、とても便利な機能です。

・表題を中央にそろえたい場合、列幅に変更があっても、必ず中央に文字が配置される
・データを転記しない印刷用フォーマットなら、自由にレイアウトできる

　このように、セル結合でラクになるケースはあります。一概にセル結合は使ってはいけないわけではありません。ただ、使う場面をまちがえてはいけないということです。
　少なくとも、データベースのリストの表や並べ替え・フィルターを使用する表、データを転記する表では、**セル結合は百害あって一利なし**だと考えましょう。

┃ ムダにスペースキーを押さない

Excel に入力したデータの見やすさ、意識していますか？

「リスト表なら、見栄えなんて意識しなくていいんじゃないの」と思うかもしれません。ですが、印刷しないデータであっても、表の内容が理解しやすい書式に設定することは大切。文字配置をひと工夫するだけで、データはグッと見やすくなります。

まずは、デフォルトでどう文字配置されるか、あらためて確認してみましょう。Excelでは、文字は左詰め、数値は右詰めに自動で配置されていますね。しかし、そのままの配置だと、文字列と数値列が隣りあわせ、文字列と文字列が隣りあわせの場合、データが密集して見づらくなります。そこで、

・数値の列で、桁数が同じ列や1〜2桁の列→中央揃え

・文字列→1文字ぶんの左インデント

・項目行→中央揃え

このように配置すれば、データが密集するリスト表でもすっきりとわかりやすく表示できます。

▶ リスト表の見やすい文字配置

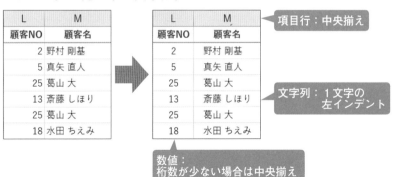

ただし、文字配置のために、スペースキーを押すのはNG。乱れが出ますし、そもそも、数式で自動表示している場合、スペースは入力できません。

スペースキーの代わりに、Excelにもともと備わっている**書式設定機能**を利用しましょう。列全体に書式を設定し、項目（フィールド）の行は、最後に行選択して、中央揃えに配置しなおします。

基本的な文字配置

①列 or 行全体を選択
②［ホーム］タブ→［配置］グループから、該当のボタンをクリック

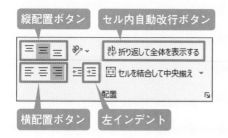

そのほか、セル間の文字幅をそろえると、見栄えがよくなります。もちろん、ここでもスペースキーは使用しません。**均等割り付け**を利用しましょう。しかし、均等割り付けだけで文字配置すると、左右の列とデータが密接になりすぎて、逆に見づらくなっている資料もあります。

セル内で読みやすく文字幅を整えるには、インデントを「1文字」設定します。そうすることで、下図のように左右に余白ができて見やすくなります。

操作

文字の均等割り付け

①文字幅をそろえたいセルを複数選択

②セルの書式設定を表示（[Ctrl]＋[1]）

③［配置］タブ→［文字の配置］→［横位置］から［均等割り付け（インデント）］を選択

④インデントに［1］と入力し、OK ボタンで閉じる

　さらによく使用するケースとして、表にタイトルをつけたときの文字配置も確認しておきましょう。下図のように、セルを結合して広い列にタイトルを配置しているケースをよく見かけます。ここまではいいのですが、問題は文字間です。スペースで空けていないでしょうか？　数式バーを確認すると、スペースで調整しているのが一目瞭然です。

「タイトルくらいスペースで空けたっていいじゃないか」と思うかもしれませんが、文字を修正するたびに文字間も調整しなおさなければならず、再編

集者に余計なストレスをかけてしまいます。列幅が広い場合は、インデントの数値を変更しましょう。

操作

表タイトルの文字配置

①セルを選択
②セルの書式設定を表示（Ctrl + 1）
③［配置］タブ→［文字の配置］→［横位置］から［均等割り付け（インデント）］を選択
④インデントに数値（セルの幅によって調整）を入力し、OK ボタンで閉じる

Point

④でたとえば「40」と入力すると、左右に40文字の空白をとります。テキストを修正しても、左右に40文字の空白をとって中央に配置され、文字間は自動調整されます。

罫線は「印刷のとき」だけ使う

　資料中の表を見やすくする手段として、罫線を引く、ということが考えられます。ただ、本章で扱っているリスト表に、罫線を引く必要があるでしょうか？

　前述でも述べたように、明細表はデータを日々追加します。データを密に入力することになるので、むしろ罫線がないほうがすっきりと見やすいでしょう。また、日々のデータ追加やコピーで、罫線の引き忘れや乱れなども生じてしまいます。それをいちいちキレイに整えるのはおっくうですね。

▶ リスト表に罫線は必要か、よくよく考えよう

	A	B	C	D	E	F	G	H	I	J	K	L
1	伝票NO	受注日	社員NO	課名	担当者	商品NO	商品区分	商品名	単価	数量	金額	顧客NO
2	1001	2020年4月1日	SA04	営業1課	和田　靖子	4	野菜詰め合わせ	サラダ野菜	1,800	5	9,000	2
3	1002	2020年4月1日	SA12	営業3課	伊藤　メイ	1	野菜詰め合わせ	北海道直産物	2,980	2	5,960	5
4	1003	2020年4月1日	SA08	営業2課	奥浦　温	16	魚加工品	お好み干物	3,950	2	7,900	25
5	1004	2020年4月1日	SA10	営業3課	永田　真一	1	野菜詰め合わせ	北海道直産物	2,980	5	14,900	13

　そこで、入力作業主体となるリスト表の場合は、罫線は設定せず、印刷が必要になったときだけ、罫線を設定しましょう。なお、印刷の際、罫線は手動で引くのではなく、自動で罫線が印刷される方法があります。

操作

印刷時に罫線を自動設定

①[ページレイアウト] タブ→ [シートのオプション] グループ→ [枠線] の [印刷] にチェック

②印刷プレビューで確認すると罫線が表示される

　このように印刷時だけ罫線を引く設定にすれば、データが増えても罫線を引きなおす手間はなくなります。

Column

データを入力したら「自動で引く罫線」が ほしいとき

　さきほど、リスト表では罫線不要、と説明しました。ただ、それ以外の用途では罫線がほしい場合もあるでしょう。

　たとえば、予定表やカレンダーの作成には、罫線がほしいですね。このとき、データを入力すると自動で罫線が引かれるように**条件付き書式**を設定しておくと「月末の資料提出のときに罫線を引き直す」作業がなくなります。

▶ 最下段にデータを追加すると、自動的に罫線が設定される

1121	2120	2020年12月31日	SA06	営業2課	小野　浩	18	魚加工品
1122	2121	2020年12月31日	SA03	営業1課	山木　裕	13	肉加工品
1123	2022						
1124							
1125							

これを実現するには、以下の手順で設定しましょう。

操作

A列の入力で罫線を自動設定

①表をすべて列選択（列番号をドラッグ）

②［ホーム］タブ→［スタイル］グループ→［条件付き書式］→［新しいルール］をクリック

③［新しい書式ルール］の画面から［数式を使用して、書式設定するセルを決定］を選択

④ルールの内容の数式欄に「=$A1<>""」と入力

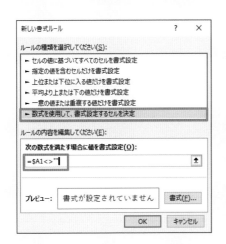

⑤［書式］ボタンをクリックして、罫線から［外枠］を選択して、
　OK ボタンで閉じる

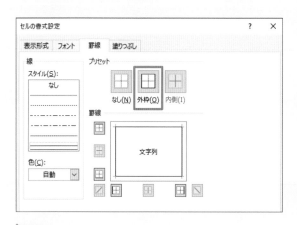

Point

　④で入力した「=$A1<>""」は「A1にデータがあるならば」
という意味になります。A列の列番号を絶対参照にすることで、
A1、A2、A3……とA列にデータが入力されると、各セルに
外枠の罫線が引かれることになります。

データベースから
さまざまな集計表を作る

「データを記録する」だけではもったいない

　私たちは毎日の仕事の成果として、売上や経費、勤務管理など、さまざまなデータを入力していますね。ところで、この入力データ、ちゃんと活用できていますか？

「毎日 Excel にデータを入力していれば、安心！」
「何かあったときに、リスト表を見ればいいよ」

　何かあったとき……たったそれだけのために毎日苦労してデータを入力しているのでしょうか。人力と時間の浪費といえます。しかし、データを入力するだけで満足してしまっている企業は意外と多いのです。

　データベースは記録だけの目的で作っているわけではありません。入力したデータからさまざまな集計をとり、「今後の仕入れはどうしよう」「店舗や社員の売上はどうなっているのか」「社員の勤務状態はどうか」など、**次のアクションを起こす材料**とするために作っているのです。

　せっかく入力したデータ、最大限に活用しなければもったいない！　そこで、データを活用する「集計方法」もちゃんとおさえておきましょう。集計する方法としては、以下の2つがあります。

・年や月など、一定期間ごとに決まった集計をして、資料として提出する
　→あらかじめ別シートに集計用の表を作成しておき、関数で集計値を表示

・その場に応じて、あらゆる角度から集計し、データ分析をする

　→ピボットテーブルやピボットグラフを使用して、瞬時に集計値を変化

　本書では、前者の「ルーチンワークとしての集計方法」を考えます。この資料は週や月、年が変わるたびに更新し、提出しなければなりません。よって、あらかじめ集計表をフォーマット化しておけば効率的ですね。

　こういった資料は後任者など、だれかに引き継ぐこともよくあります。あなたが部署を移動することになっても、後任の担当者が戸惑うことなく更新できる集計表を目指しましょう。

集計のはじめの一歩は「名前の定義」

　ここからは「毎年恒例で開催される会議に必要な資料を作る」と想定して、集計表を作ってみましょう。なお、集計の元データは、ここまで作成してきたリスト表を使います。

　この会議では「商品区分ごとの年間売上業績」から、営業1 ～ 3課の組織編成を見直しています。ということは、「商品区分」「売上金額」「各営業課」の項目が必要な集計表になりそうですね。あらかじめ「集計」のシートを用意し、表を作成しておきましょう。

▶ **会議で使用する集計表を別シートに作成しておく**

	A	B	C	D	E
1	2020年	売上金額	営業1課	営業2課	営業3課
2	魚加工品				
3	魚介類				
4	肉加工品				
5	野菜詰め合わせ				
6	野菜単品				
7	年間売上				
8					

図の「B2」セルでは、売上明細シートの「商品区分」の項目から、「魚加工品」のみを抜き出し、その売上金額を合計した値を表示します。すべての商品の合計金額なら SUM 関数でいいのですが、そこに「商品区分ごと」という条件が加わっているので、単純な SUM 関数ではなさそうです。

　このような条件付きの集計を求めるには、**SUMIF 関数**や **SUMIFS 関数**を使います。ただし、数式が長くなりがちなことに注意してください。長くなる原因は、以下2点です。

・別シートからデータを参照するため、引数に「売上明細!」がつく
・条件が増えてくると、引数も増える

　数式がダラダラ続いてしまうと、他人どころかもはや自分ですら、しくみを理解しにくい資料になってしまいます。

　そこで、売上明細表のそれぞれの項目列（フィールド）に**名前の定義**をしましょう。数式を組むときの範囲指定がラクになり、だれが見ても読み解きやすくなります。

▶「名前の定義」で数式をわかりやすく

=SUMIFS(売上明細!$K$2:$K$1122,売上明細!$D$2:$D$1122,$G$2,売上明細!$E$2:$E$1122,$G3,売上明細!$G$2:$G$1122,H$1)

売上明細表の項目列に
名前を定義する

=SUMIFS(金額,課名,$G$2,担当者,$G3,商品区分,H$1)

　119ページでも「名前の定義」をご紹介しましたが、そのときは一覧表ごとに設定しました。一方、今回は明細表の項目列ごとに名前を定義します。「明細表の項目数が多いのに、1つひとつ定義しなきゃいけないの？」と思うかもしれませんが、ご安心ください。リスト表は1行目にある「項目名」を使用して、まとめて名前を定義することもできます。

列ごと「名前の定義」をまとめて設定

① 表内をクリックして任意のセルを選択

② Ctrl + A で表全体を選択

③ [数式] タブ→ [定義された名前] グループ→ [選択範囲から作成]
 をクリック

④ [上端行] のみにチェックがあることを確認し、OK ボタンで閉じる

⑤ 名前ボックスの▽をクリックして、定義された名前を確認

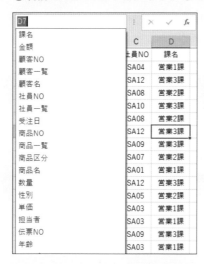

条件付き集計を求める前に、各項目列に名前を定義して、だれが見ても「どんなしくみなのか」パッとわかる数式にしましょう。それが、Excelで「やさしい資料」を作成する大事な工夫です！

条件が1つの集計を求める

　集計の準備が整ったら、さっそく集計値を表示する関数を組んでみましょう。まずは「2020年の商品区分ごとの売上金額」を集計します。

▶ **商品区分ごとの売上集計表を作る**

	A	B
	B2	
1	2020年	売上金額
2	魚加工品	
3	魚介類	
4	肉加工品	
5	野菜詰め合わせ	
6	野菜単品	
7	年間売上	
8		

　前項で述べたように、このような条件付きの合計を求めるには **SUMIF 関数**を使用します。売上金額を表示したいセル（B2）をクリックして、以下の関数を入力してください。

=SUMIF(商品区分 ,A2, 金額)

　引数の意味はそれぞれ次のようになります。

第1引数 (範囲)	商品区分	「検索対象はどの範囲か」を指定します。ここでは、明細シートの「商品区分」の列の中から「魚加工品」を探すので「商品区分」と入力します
第2引数 (検索条件)	A2	「どの値をもとに探すのか」を指定します。ここでは、商品区分の中から「魚加工品(A2の値)」と入力されているレコードを探すので、「A2」と入力します
第3引数 (合計範囲)	金額	「何を合計したいのか」を指定します。ここでは明細シートの「金額」列の値を合計したいので「金額」と入力します

B2にこの式を入力して Enter で確定すると、「『商品区分』の中から、『魚加工品』を探し、その合計『金額』」が表示されます。これで、B2の式をそのまま下にコピーすれば、ほかの商品区分も売上合計値が算出されます。

▶ **商品区分ごとの売上金額合計値**

	A	B
1	2020年	売上金額
2	魚加工品	3,997,000
3	魚介類	3,805,200
4	肉加工品	2,608,680
5	野菜詰め合わせ	3,142,220
6	野菜単品	1,047,420
7	年間売上	

条件が2つの集計を求める

会議は営業課の編成を考えるのが目的なので、課ごとの売上の内訳も必要です。

▶ **営業課ごとの売上集計表を作る**

	A	B	C	D	E
1	2020年	売上金額	営業1課	営業2課	営業3課
2	魚加工品	3,997,000			
3	魚介類	3,805,200			
4	肉加工品	2,608,680			
5	野菜詰め合わせ	3,142,220			
6	野菜単品	1,047,420			
7	年間売上				

前項では「商品区分ごと」という条件だけだったのに、今回は「営業課ご
と」という条件も加わっています。この場合はどうしたらいいでしょうか？

　SUMIF関数では条件は1つしか設定できません。複数の条件がある場合
は、**SUMIFS関数**を使用しましょう。

　それでは、SUMIFS関数の数式を組んでみます。営業1課の「魚加工品」
の集計を表示したいセル（C2）をクリックし、以下の数式を入力し、
[Enter]で確定しましょう。

=SUMIFS(金額 , 商品区分 , $A2, 課名 ,C$1)

　では、さきほどと同じように、SUMIFS関数をくわしく見ていきましょう。
SUMIFSの引数の意味はそれぞれ以下のようになります。

第1引数 （合計対象範囲）	金額	「何を合計したいのか」を指定します。前項のSUMIF関数の第3引数（合計範囲）と同じです
第2引数 （条件範囲1）	商品区分	1つ目の「検索対象はどの範囲か」を指定します。前項のSUMIF関数の第1引数（範囲）と同じです
第3引数 （条件1）	$A2	1つ目の「どの値をもとに探すのか」を指定します。前項のSUMIF関数の第2引数（検索条件）と同じく、「魚加工品（A2の値）」と入力されたレコードを探すので、「A2」を入力します ただし、この数式は右にコピーするので、列がズレないように列番号（A）を絶対参照にしてください
第4引数 （条件範囲2）	課名	2つ目の「検索対象はどの範囲か」を指定します。ここでは、売上明細表の「課名」の中から「営業1課」を探すので、「課名」を入力します
第5引数 （条件2）	C$1	2つ目の「どの値をもとに探すのか」を指定します。「課名」の中から「営業1課（C1の値）」と入力されたレコードを探すので、「C1」を入力します。 ただし、この数式は下にコピーするので、行がズレないように行番号（1）を絶対参照にしてください

　SUMIF関数とは引数の数も、順番も違うことに注意しましょう。さらに、
数式を下・右にコピーして、すべての商品区分の集計を求めれば完成です！

	C	D	E	F
	営業1課	営業2課	営業3課	
,000	951300	1718810	1326890	
,200	1341600	1246200	1217400	
,680	580640	1193620	834420	
,220	785400	1307860	1048960	
,420	255420	417780	374220	

数式バー: =SUMIFS(金額,商品区分,$A2,課名,C$1)

条件が3つ以上の集計を求める

さきほど作成した表を確認すると、どうやら営業1課の売上がふるわないようです。人事編成のために、さらに担当者ごとの売上集計表を作成し、それぞれの得意・不得意を見てみましょう。

前項から「担当者ごとに集計」という条件が加わり、さらに複雑になりましたね。まずは担当者ごとの商品区分集計表を作成します。

▶ 担当者ごとの集計表を作成する

G	H	I	J	K	L
2020年	魚加工品	魚介類	肉加工品	野菜詰め合わせ	野菜単品
営業1課					
山木　裕					
平木　蘭					
和田　靖子					
営業2課					
奥浦　進					
坂田　一郎					
小野　浩					
武藤　俊彦					
営業3課					
伊藤　メイ					
永田　真一					
黒瀬　次郎					
土井　真由美					
総合計					

まずは、H3セルで、「営業1課」の「山本裕」さんの「魚加工品」の売上

集計を表示しましょう。3つの条件がある場合も前項と同じく SUMIFS 関数を用います。なお、SUMIFS 関数は255個の条件まで設定できます（「どこから（範囲）何を（条件）探す」を1条件とカウント）。

H3セルを選択し、以下の数式を入力して Enter で確定してください。

=SUMIFS(金額 , 課名 ,$G$2, 担当者 ,$G3, 商品区分 ,H$1)

引数の解説は、前項の SUMIFS 関数の数式とほぼ同じなので省略します。この表の場合、課名の検索条件である「G2」は数式をコピーしてもズレないように列番号・行番頭ともに絶対参照で固定しておきましょう。

fx	=SUMIFS(金額,課名,$G$2,担当者,$G3,商品区分,H$1)				
G	H	I	J	K	L
2020年	魚加工品	魚介類	肉加工品	野菜詰め合わせ	野菜単品
営業1課					
山木 裕	526,540				
平木 蘭					
和田 靖子					
営業2課					
奥浦 進					
坂田 一郎					

数式を下・右にコピーして「営業1課」のすべての集計を求めます。

fx	=SUMIFS(金額,課名,$G$2,担当者,$G3,商品区分,H$1)				
G	H	I	J	K	L
2020年	魚加工品	魚介類	肉加工品	野菜詰め合わせ	野菜単品
営業1課					
山木 裕	526,540	437,400	248,840	260,020	95,040
平木 蘭	288,540	518,400	151,240	314,020	59,400
和田 靖子	136,220	385,800	180,560	211,360	100,980
営業2課					

このように集計すると、それぞれの担当者が商品区分ごとに、どのくらい売上げたのかがわかります。会議で参考になりそうな集計表になりましたね。数式の引数を修正して、同様に営業2課・営業3課の表も作成してみましょう！

ちなみに、引数の修正中に「名前の定義を使っても、混乱する……」あるいは「ほかの人が作成した数式がなかなか読み解けない！」というときは**関数の引数画面**で確認しましょう。確認したい数式が入力されたセルを選択し、数式バーの［fx］をクリックすると、以下のように表示されます。

▶「関数の引数」画面で、複雑な数式も読み解きやすくなる

　画面の右側に指定した範囲のデータが表示されるので、どんな条件を組んでいるのかがわかりやすくなります。また、右側のスクロールバーをドラッグすれば、隠れている条件も確認できます。

　このような集計表を作っておけば、翌年以降も売上明細表のデータを書き換えるだけで、集計表が自動で更新されます。来年はゼロから集計表を作成する必要はなくなるのです！
　あなた自身も、作成した資料を引き継いだ人もラクできるように、集計表の型を作って都度使いまわしましょう。

「申請書は
とりあえず使いまわす」
をやめなさい

〜入力しやすいフォーマットで
自分も相手も作業時間を短縮する

Word

入力フォーマットは「早く作れる」 より優先することがある

スペースで入力欄を作りました。
該当するものに〇をつけましょう。
必要項目にチェックを入れてください。

　こんな Word ファイルの申請書をもらって「どう入力すればいいんだ……」と困惑した経験はありませんか？　このような作り方は、紙や PDF ファイルで配布する「手書きで記入してもらう」資料と同じです。1章でもご説明したとおり、不特定多数の方へ配布するフォーマットは、「手書きで記入してもらうか」「ファイルに直接入力してもらうか」で適切な作り方が大きく変わります。

　また、作り方だけでなく影響力の大きさも段違いです。手書きで記入してもらうフォーマットは最悪「印刷」さえできれば、迷惑をこうむるのは再編集する人だけ。一方、ファイルに直接入力する資料が入力しづらいと、資料を使用する大勢の方にストレスを与えてしまいます。それは何としてでも避けたいですね。

　……とは言っても、なかなか作り方を変えられないのが現状です。

「作りなおすのはめんどう」
「慣れている作り方が一番早く作れる」

　そう考える人も多いでしょう。もちろん、作成スピードが速いのは大事です。入力しやすいフォーマットをすばやく作れるなら、それに越したことはありません。しかし、「作成スピード」と「入力のしやすさ」どちらを最優

先するか、といえば**入力のしやすさ**が優先されます。

　なぜなら、入力のしやすさは、入力ミスの減少に直結するから。たとえ作成スピードが落ちたとしても、作りなおさなければならなかったとしても、データ回収後のことを考えると、ミスが極力少ないフォーマットのほうが全体の作業時間は短縮できます。

　本章では、資料を使用する人が迷いなくミスなく入力するために「文字を入力しても配置が崩れない」「選択項目を正しく選択できる」などの点に気を配ったフォーマット作成のテクニックを学びます。パソコンを使い慣れない人にも配布することを前提に、ラクに入力できる「やさしい資料」を作っていきましょう。

▶ Word フォーマットの作成チェックポイント

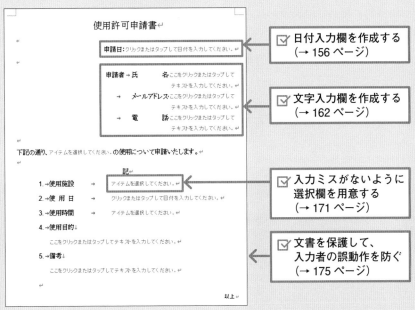

☑ 日付入力欄を作成する
（→ 156 ページ）

☑ 文字入力欄を作成する
（→ 162 ページ）

☑ 入力ミスがないように
選択欄を用意する
（→ 171 ページ）

☑ 文書を保護して、
入力者の誤動作を防ぐ
（→ 175 ページ）

「印刷するだけ」の資料とは違う 4つのポイント

▌スペースで年月日の入力欄を作っていませんか

「この申請書に情報を入力して、提出してください」

と Word ファイルで渡される資料の中でも、よく見かけるのが「年・月・日」の前にスペースで日付入力欄を作っている資料です。あなたも下図のような資料に触れた経験があるでしょう。

▶ **編集記号の表示で、入力欄の作り方がわかる**

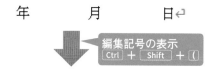

　　年　　　　　月　　　　　日↵

しかし、実際にこの入力欄へ年月日を入力する立場になってみると、下図のようにつまずくポイントがあります。

▶ **スペースで空欄を作ると入力に迷う**

データ上で入力してもらうのなら、「文字の入力箇所をわかりやすくすること」「入力しても文字配置がくるわないこと」が大事です。このポイントをおさえて入力欄を作成するには、以下2つの方法があります。

表＋タブで作成

　フォーマット作成には、表を使うケースが多くあります。文字が羅列されているよりも、表を使用して項目と入力欄を分けるほうが「なにをどこに入力したらいいのか」がはっきり理解できるためです。

　しかし、表内の文字配置になると、たちまちスペースだらけの資料が多くなってしまいがち。これは、表内でも**タブ**の機能が使用できることを知らない人が多いためです。タブ機能を使えば、入力箇所は年月日の直前に限られますし、入力しても文字位置は変わりません。

▶ **タブで空けておけば、入力しても位置は変わらない！**

　ただし、タブが表示されていないと入力箇所がわからないので、入力側も編集記号を表示していることが前提の作成方法です。

　なお、表内でふつうに Tab を押してしまうと、カーソルは次のセルへと移動してしまいます。表中でタブを挿入する場合は、Ctrl ＋ Tab を押します。次の手順で作成してみましょう。

表＋タブで日付入力欄を作成

①日付のセルにカーソルを表示

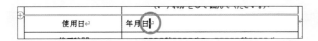

②[ホーム] タブ→ [段落] グループの右下から矢印のボタンをクリック

③[段落] ダイアログを表示し左下の [タブ設定] をクリック

④タブ位置に「年」を配置する位置（ここでは10文字）を入力

⑤タブの種類は [右揃え] を選択し [設定] ボタンをクリック

⑥同様に、「月」を配置する位置（ここでは14文字）、「日」を配置する
　位置（ここでは18文字）をいずれも [右揃え] で設定する

⑦設定できたら OK ボタンで閉じる

⑧「年」の前にカーソルを表示し、[Ctrl] + [Tab] を押す

⑨同じように「月」「日」の前にタブを入力

Point

　④で入力するタブ位置（10字）は注意が必要です。「"年"をルーラーの24文字目のところに置きたい」と考えて「24字」と入力しても、思ったとおりに配置されません。なぜなら、この日付入力欄のセル自体がタブ位置設定時にルーラーの数値とズレて、14文字目からはじまることになっているからです。

つまり、セルごとに文字数を0からカウントして入力しなければなりません。もしルーラーの24文字目で文字を配置したい場合は24−14＝10と考え、タブ位置に「10字」を入力します。

▶「年」をルーラーの24文字目に置きたいとき

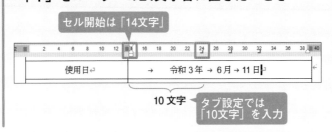

コントロールで作成

Wordには日付などの文字入力をサポートする機能があります。それが**コントロール**という機能。日付の場合はカレンダーが表示されて選択入力ができます。

▶「日付選択コンテンツ コントロール」で直感的に入力

この「日付選択コンテンツ コントロール」を使うと以下のメリットがあります。

・日付の確認がしやすくなる
・全角／半角の入力ミスがなくなる
・入力箇所が固定されるので、配置のズレがなくなる
・コントロール以外は編集できないように保護できる（→175ページ）

　このようにメリットが多い機能ですが、古いバージョン（Word 97-2003文書）で保存すると動作しない点は注意しましょう。

　この機能は［開発］タブにあります。しかし、標準設定だと［開発］タブはリボンに表示されていません。以下の手順で表示してください。

操作

リボンに［開発］タブを表示

①［ファイル］タブ→［オプション］をクリック
②［リボンのユーザー設定］から［開発］にチェック

③OKボタンで閉じる

　このように設定することで、［開発］タブがリボンに表示されました。これで、コントロールを挿入できるようになります。

コントロール（日付選択コンテンツ）の挿入

①日付を入力する箇所をクリックして、カーソルを表示
②［開発］タブ→［コントロール］グループから［日付選択コンテンツ
　コントロール］をクリック

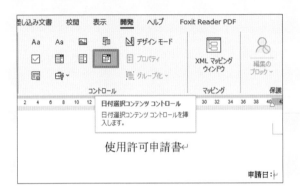

文字入力欄はスペース＋下線で作成しない

　文字の入力箇所をスペースで作ったうえで、下線で強調するパターンもよく見かけます。これも編集記号を表示すれば、下図のようにどう作ったかが一目瞭然です。

▶ **文字入力欄をスペース＋下線で作成**

申請者□□氏名□□□□□□□□□□□□□□□□□□□□□↩

□□□□□メールアドレス□□□□□□□□□□□□□□↩

□□□□□□□電話□□□□□□□□□□□□□□□□□↩

手書きしてもらう資料であれば、スペースで空白を作っても、記入には何も問題はありません（文字配置に時間がかかる、というデメリットはありますが）。しかし、データ入力用フォーマットの入力欄をこのように作成してしまうのは、百害あって一利なし。

　文字を入力すると配置がズレるので、入力した文字数ぶんのスペースを削除する必要があります。配置を整えるために、入力する人に何度もスペースの挿入や削除をさせるようでは「入力しやすい」とはいえません。また、文字の下線が設定されていると、さらに下線の長さも調整する手間がかかります。

▶ 下線が設定されると、さらに文字配置が複雑に

```
申請者□□氏名□□□□□□四禮□静子□□□□□□□□□□□□□↵
□□□□□□メール アドレス □□school @
forty.com□□□□□□□□□□□□□↵
□□□□□□□電話□□□□03-3842-6453□□□□□□□□□□□□↵
```

　この問題を解消したうえで、かんたんに作成できる方法が3つあります。1つひとつ確認していきましょう。

表で作成

　1つめは文字入力欄を**表**で作成する方法です。この方法のメリットは、文字配置がかんたんなうえに、印刷すればさきほどの例と同じ見た目になることです。文字配置は、段落の書式設定のかわりに、セル幅や高さを変更することで調整できます。さらに、セルの罫線が下線となり、文字数の影響は受けません。

▶ 表を利用して文字入力欄を作ろう

つまり「スペース＋下線」で作成した文字入力欄の上位互換と言えます。
さっそく、以下の手順で作成してみましょう！

操作

表を利用した文字入力欄の作成

①表を挿入したい箇所にカーソルを表示
②［挿入］タブ→［表］から表を挿入（ここでは、3行3列）

③挿入された表に文字を入力し、文字を配置する（くわしくはPointにて）

申請者	氏　　　名	
	メールアドレス	
	電　話　番　号	

④表全体を選択し、[テーブルデザイン] タブ→ [飾り枠] グループ→
[罫線] から [枠なし] をクリック

⑤2列目と3列目を選択し、罫線から [横罫線 (内側)] [下罫線] をクリッ
ク (線の太さは任意)

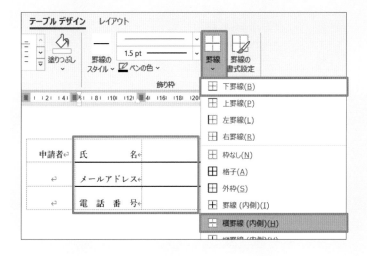

③で、表内の文字配置は次のように設定しました。書式設定に乱れがないように、列選択してから設定するようにしてください。

	設定	操作方法
1・2・3列目	下揃え（中央）	表の［レイアウト］タブ→［配置］グループ→［下揃え（中央）］
2列目	均等割り付け	［ホーム］タブ→［段落］グループから［均等割り付け］（ Ctrl ＋ Shift ＋ J ）
3列目	右揃え	表の［レイアウト］タブ→［配置］グループ→［下揃え（右）］

タブで作成

　スペースも表も使用せず、文字の配置を固定する方法もあります。**右揃えのタブ**を設定しておくことで、文字配置をくるいなく入力できます。

▶ タブを使って文字を固定する

　なお、のちほど解説する「コントロール」を使った文字入力欄の作成は、この右揃えタブを使うことが前提なので、おさえておきましょう。

操作

タブを利用した文字入力欄の作成

①項目のテキストを入力し、段落を選択
②選択した段落を左インデントで字下げ

③ ［ホーム］タブ→［段落］グループから右下の矢印ボタンをクリック

④ ［段落］ダイアログを表示し、左下の［タブ設定］をクリック

⑤ タブを設定（ここでは、「20字・左揃え」と「40字・右揃え」を2つ
　　設定）し、OK ボタンで閉じる

⑥タブで揃えたい文字の前にカーソルを置き、Tab を押す

⑦項目中の一番文字数が多いテキストにあわせて、「文字の均等割り付け」を設定

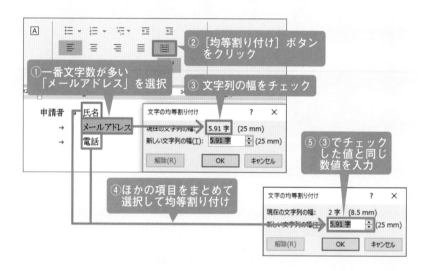

コントロールで作成

さきほどタブで文字入力欄を作成する方法をご紹介しましたが、「タブ」は編集記号が非表示だと、表示されないのが難点。非表示のままだと「どこに文字を入力すればいいのか」がわからない、ということもありえます。

▶ 編集記号が非表示だと、入力箇所がわからない

申請者	氏　　　名	↵
	メールアドレス	↵
	電　　　話	↵

　せっかくタブを設定して文字位置を決めても、入力する位置をまちがえて
しまえば、文字はそろいませんね。ここが文字入力箇所だ、とわかる工夫が
もう1つほしいところです。

▶ 入力位置をまちがえると、そろわない

申請者	氏　　　名四禮 静子	↵
	メールアドレスscool@roty.com	↵
	電　　　話　　　03-3842-6453	

　そこで、「文字入力欄」を作成しましょう。さきほど表示させた［開発］
タブの中には、日付選択入力だけでなく、文字入力欄を作成できる機能もあ
ります。文字入力欄を作成する**テキスト コンテンツ コントロール**には2種
類あり、以下の違いがあります。

・テキスト コンテンツ コントロール
　　→テキストしか入力できない。また、コントロール内で改行できない

・リッチ テキスト コンテンツ コントロール
　　→テキスト以外の表や図も挿入できる。また、 Shift ＋ Enter で改行
　　　できる

　ここでは、図や表を入力する必要はないので「テキスト コンテンツ コン
トロール」を使用しましょう。

コントロール（テキスト コンテンツ）の挿入

①入力枠を作成する箇所（タブの編集記号の後ろ）にカーソルを表示

②[開発] タブ→ [コントロール] グループから [テキスト コンテンツ コントロール] をクリック

③カーソルのあった場所に [テキスト コンテンツ コントロール] が挿入される

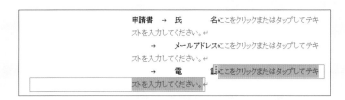

このように作成すると、「ここをクリックまたはタップしてテキストを入力してください」の欄が大きくなってしまい、一見レイアウトが崩れているように見えますね。しかし、実際に文字を入力すると、文字数にあわせて欄のサイズが調整され、配置が整います。よって、もしコントロールで文字入力欄を作るのなら、資料のレイアウトが完成した後に挿入するか、コントロールにダミーデータを入力してからレイアウトを整えるのがおすすめです。

▶ 文字を入力すれば欄のサイズが調整される

　このように、タブで配置を決めて、コントロールで入力箇所を指定することで、Word を使い慣れない方もかんたんに入力ができるようになります。

「どれかを丸で囲んでください」をやめる

「選択項目を○で囲んでください」というフォーマットもありますが、あなたならどうやって○を作りますか？

　大半の方は「Word で図形を作成すればいい」と考えるでしょう。しかし、図形の位置がズレてしまい、集計のときに「どちらを選択しているのかわからない」資料になることもありえるのです。これでは、入力する側も申請書を受けとった側も作業が煩雑になってしまいますね。

▶ 図形だと選択があいまいになってしまう

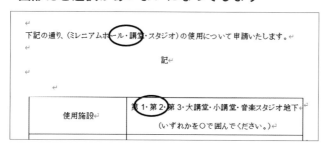

　さらには、そもそも図形が使えず「どうやって○をつければいいかわからない」方だっているでしょう。たとえ図形を挿入できたとしても、書式設定で「塗りつぶしはナシにする」「枠線を黒にする」「枠線を太くする」……など一定以上のスキルが必要です。

　フォーマット作成には、常に使用する人は「どんな方なのか」を考慮するのが肝心。若い人が多いのか、ご年配が多いのか、パソコン操作に慣れた方が多いのか、そうではないのか……。「このくらいはできるだろう！」と自分勝手に判断するのはやめましょう。よりかんたんに入力できる方法を考えてフォーマットを作成することが「やさしい資料」につながります。

　そこで、だれでもまちがいなく選択入力できる方法として、おすすめなの**がリスト選択**です。リスト選択なら、文字入力が苦手な方でも、選択するだけで入力できます。さらに、リストに表示される選択肢以外は入力できないので、表記ゆれや勘違い入力を防ぐこともできるのです。

▶ リストから選択できればミスのない入力に

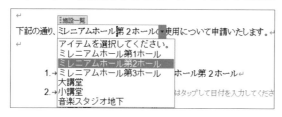

このリスト選択も［開発］タブにあるコントロール中の**コンボ ボックス コンテンツ コントロール**（以下、コンボボックス）を使用します。

`操作`

コントロール（コンボ ボックス コンテンツ）の挿入

①挿入したい箇所にカーソルを置く

②［開発］タブ→［コントロール］グループから［コンボ ボックス コンテンツ コントロール］をクリックし、コンボボックスを挿入

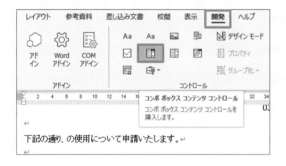

③［コントロール］グループの［コントロールのプロパティ］をクリック

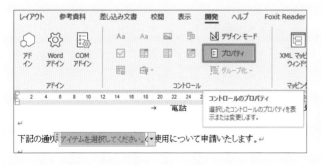

④タイトルを入力したら［追加］ボタンをクリック

⑤［選択肢の追加］画面で選択肢のテキストを入力

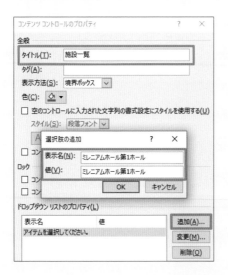

⑥［追加］ボタンをクリックして、さらに選択肢を追加

⑦選択肢をすべて追加したら OK ボタンで閉じる

　同じように「3. 使用時間」の項目も選択入力できるように設定します。
限られた選択肢から選ぶなら、リスト選択を積極的に使っていきましょう！

コントロール以外は編集できないようにする

　フォーマットを作成する方法として、コントロールを使ったテクニックをご説明しました。このコントロールを使うメリットの1つに**文書の保護**が挙げられます。「文書の保護」をすると、コントロール以外は編集できなくなるのです。この機能はどんな場面で使うのでしょうか?

　ここまで作成してきた「入力しやすいフォーマット」ですが、このまま相手に渡してしまうと、入力する方が誤って入力・削除してしまうことがあります。たとえば「まちがった情報を入力したから、文字を削除しよう!」と思って、行を選択した状態で削除してしまい、コントロールで作った文字入力欄が消えてしまった。このとき、相手のスキルによっては元に戻せないこともありますし、そもそも削除したことに気づかなかった、ということもありえるでしょう。

▶ 思わず削除してしまうことだってある

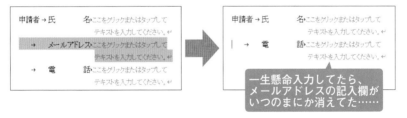

　そこで、文書を保護することで「編集できるところ/できないところ」を分けられます。コントロール以外の段落に入力・削除はできなくなるのです。不特定多数の方と共有するような、おおやけにする資料は、ミスが起こらないように保護を設定しておくことをおすすめします。

ただし、文書の保護を設定したとき、編集を許可できるのは、以下の4点だけです。

・変更履歴
・コメント
・コントロールで作ったフォーム
・全体の読み取り専用

　つまり、入力欄はすべて「コントロール」を使用して作成しなければなりません。表やタブを使った入力欄の作成方法も説明してきましたが、その入力欄には適応できないことに注意しましょう。

　では、コントロールで作成した資料に「文書の保護」を設定してみます。コントロール部分に第三者が入力できるようにするには、以下の手順で「フォームへの入力」の制限を許可します。

操作

文書の保護

①［開発］タブ→［保護］グループから［編集の制限］をクリック

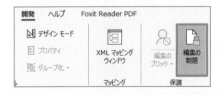

②右側に［編集の制限］の作業ウィンドウが表示される
③［2. 編集の制限］のチェックをONにし、編集の許可内容を［フォームへの入力］に設定
④［3. 保護の開始］の［はい、保護を開始します］をクリック

⑤［保護の開始］の画面で、任意のパスワードを入力し（設定しない場合は、空欄のまま）OKボタンで閉じる

　これで文書が保護され、コントロールを挿入したフォーム以外の場所はカーソルが表示されなくなりました！

　ただし、社内で共有して使いまわす資料や、「まだ再編集の可能性がある」資料に保護をかけると、編集できなくなってしまいます。そこで、さきほどの操作説明の中で、パスワードを設定できる［保護の開始］画面がありましたが、パスワードを設定しなければ、［校閲］タブ→［編集の制限］→［保護の中止］ボタンからかんたんに保護を解除できます。

　あるいは、自由に編集できるユーザーを指定して保護をかけることもできます。例外オプションから［その他のユーザー］を追加しましょう（［2. 編集の制限］を「フォームへの入力」にすると、例外オプションは設定できません）。

一方、「文書の保護」を使用する場面として、閲覧用の資料を外部に提出する、といったことも考えられます。データの改ざんを防ぐために保護をかけて、編集できなくするケースです。こういった解除されて困る資料の場合は、パスワードを設定して保護するのをおすすめします。

　このような「文書の保護」の方法に限らず、

・**作成する資料の対象者**はだれなのか
・**どのように使用する資料**なのか

　を見据えたうえで、作成方法を使い分けることが「やさしい資料」を作成する心がまえです。

資料をササッと再利用できる Wordテクニック集

作成日は自動更新にして、いちいち修正しない

4章の最後に、申請書だけでなく「印刷する文書」に使えるWordテクニックを紹介します。特に送り状などの頻繁に使う資料は、再利用の手間を極力減らしましょう！

たとえば、資料を使いまわしていると、うっかりデータを修正しないまま、提出してしまうことがあります。特に見逃しやすいのが、日付の書き換え。資料作成（更新）日の修正を忘れてしまい、印刷してから「しまった！」と気がつくことはだれしも身に覚えがあるでしょう。

そこで、Wordの機能を使い、資料の日付は常に「今日の日付」が表示されるように設定します。このようにすれば、日付の入力ミスも修正ミスもキチンと防げます。

▶ 修正を忘れやすい作成日は自動更新に

文書管理番号 001↵

令和 2 年 9 月 26 日↵

新製品発表会のお知らせ↵

自動更新される日付の挿入

①日付を挿入したい箇所にカーソルを置く

②[挿入] タブ→ [テキスト] グループ→ [日付と時刻] をクリック

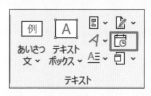

③[言語の選択] と [カレンダーの種類] を選択し、左側の一覧から挿
　入したい書式を選択

④[自動的に更新する] にチェックを入れ、OK ボタンで閉じる

Excelと連動させて大量の資料を一括作成する

お客様や会員あてに同じお知らせを送付するときに、

・「皆様」「各位」などの総称ではなく、個人名を入れたい
・文面は同じでも、相手ごとに一部異なる文書を大量に作成したい

ということがあります。しかし、いちいち手入力→印刷→修正→印刷→……、と作成するのでは、いくら時間があっても足りません。しかも、すべての文書に共通したところで変更があると、すべて印刷しなおしになってしまいます。

それでは、どうすれば手早く大量の資料を作成できるでしょうか？

そこで、あらかじめExcelでリスト表を作成します。そのリスト表とWordを連携することで、驚くほどかんたんに大量の文書作成ができてしまうのです。このWordの機能を**差し込み文書**といいます。

▶ **差し込み文書を使用すれば、宛先の異なるお知らせを大量作成できる**

手はじめに、以下2つのファイルを用意しましょう。

・Word で作成した文書
・差し込みたい項目が入力されたリスト表

▶ Excel のデータを差し込む前提で Word 文書を作る

　文書とリスト表ができたら、さっそく連携させましょう。Word で作成した文書ファイルを開いてください。

操作

差し込み文書の作成

①［差し込み文書］タブ→［差し込み印刷の開始］グループ→［差し込み印刷の開始］から［レター］をクリック

②上図の［宛先の選択］→［既存のリストを使用］をクリック

③使用するリスト表を選択し［開く］をクリック

④［テーブルの選択］画面が表示されたら、シート名を選択し OK ボタンで閉じる

⑤挿入したい箇所にカーソルを置く

⑥［差し込み文書］タブ→［文章入力とフィールドの挿入］グループ→［差し込みフィールドの挿入］下部の▽ボタンをクリック

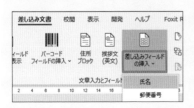

⑦リストの項目名が表示されるので、該当の項目をクリックすると、カーソルのある場所にフィールドが挿入

《氏名》□様

この度は、下記セミナーにお申込みいただき、誠にありがとうございます。

お申込みセミナー名、セミナー料金をご確認の上、下記口座へ受講料のお振込みをよろしくお願い申し上げます。

お申込みセミナー名：　→　《コース》

セミナー料金：　　　→　　《料金》円□（税込み）

---

⑧挿入後、［差し込み文書］タブ→［結果のプレビュー］グループ→［結果のプレビュー］をクリックし、差し込まれたデータを表示する

西山・晴海□様

この度は、下記セミナーにお申込みいただき、誠にありがとうございます。

お申込みセミナー名、セミナー料金をご確認の上、下記口座へ受講料のお振込みをよろしくお願い申し上げます。

お申込みセミナー名：　→　フランチャイズの仕組み研究

セミナー料金：　　　→　　29800 円□（税込み）

　ただし、注意したいのは Excel のリスト表では桁区切りがついていた料金も、差し込み印刷では元データしか表示されません。差し込んだ数値に桁区切りを表示したい場合は、フィールドコードを編集します。

操作

フィールドコードの編集と印刷

① [Alt] + [F9] を押して、フィールドコードを表示

セミナー料金： → ｛ MERGEFIELD 料金 ｝円□ （税込み） ↵

②セミナー料金のフィールドコードを下図のように修正

セミナー料金： → ｛ MERGEFIELD 料金 \# #,##0 ｝円□ （税込み）

③ [Alt] + [F9] を押して表示を切り替え

④フィールドを更新するために [F9] を押す

セミナー料金： → 29,800 円□ （税込み） ↵

⑤[差し込み文書] タブ→ [完了] グループ→ [完了と差し込み] から
[文書の印刷] をクリック

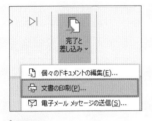

Point

　個別に内容の変更がある場合は、上図の [個々のドキュメント
の編集] から修正しましょう。差し込みが完了した状態で別ファ
イルが自動作成されます。

　また、[文書の印刷] では差し込んだデータの印刷を指定できま
す。「すべて」の状態で印刷をかけると全員分の文書が印刷されて
きます。

このように、差し込み文書はとても便利な機能です。

作成した差し込み文書を保存しておくと、次にファイルを開いたときに、データの更新メッセージが表示されるので、[はい] をクリックしましょう。するとデータが差し込まれた状態でファイルが開きます。

▶ 差し込み文書を開いたときの更新メッセージ

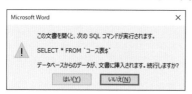

使用した Excel のリスト表のデータを更新すると、あたらしいリスト表の内容で差し込み文書が表示されます。リストのデータが変わるたびに差し込み文書を作成する手間はいらないのです（ただし、ファイル名や保存場所は同一でなければなりません）。

・ほかの人が別のリスト表を利用して同じ文書を使用する
・日付を変えて同じ文書をくり返し印刷する

など、だれでもかんたんに再利用できます。どんどん使いまわしましょう！

ちなみに、文書はそのままで別のリスト表を使用したい場合は、[宛先の選択] から別ファイルのリスト表を選びなおせば、データは更新されます。

日付の自動更新、差し込み文書による資料作成など Word にそなわっている機能を活用すれば、自分の作業時間を減らすだけでなく、資料を共有した相手も修正や変更の手間が激減します。

Word の機能を正しく把握して、積極的に活用しましょう！

Column

「差し込み文書」機能を
思いどおりに使いこなす

　差し込み文書は資料作成だけでなく、ラベル作成にも活用できます。中でも、封筒に貼る宛名のラベルを、差し込み文書で作成される方は多いのではないでしょうか。

　このような宛名ラベルは、市販のラベルを使うので、ラベルの製造元と製品番号を選択すれば、サイズは自動で設定されます。

　それでは、自分でサイズを指定したい場合はどうすればいいでしょう？
たとえば、セミナーで使用する座席表のカードを作りたいときは？

操作

オリジナルのラベルサイズ設定

①新規に Word 文書を開く

②[差し込み文書] タブ→［差し込み印刷の開始］グループ→［差し込み印刷］から［ラベル］を選択
（市販の宛名ラベルを使用する場合は、ここでラベルの製造元と製品番号を選択して OK ボタンをクリックします）

③[サイズの詳細] をクリック

④上下左右の余白、ラベルのサイズ、列数などを任意で入力する

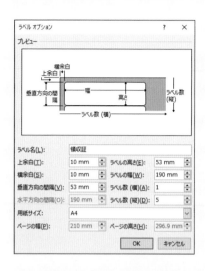

⑤ OK ボタンで、指定したサイズの表が挿入される

④の図は、A4用紙で縦に5枚、ラベルを作る設定です。[上余白／横余白]は、A4用紙の余白のこと。また、[垂直方向の間隔][ラベルの高さ]は同じ数値にすることで、ラベル間の余白が0になります。

サイズの設定ができたので、テキストを入力していきましょう。

ただし、ラベル作成で注意していただきたいのは、セルの1行目にテキストは入力しないで、必ず**2行目から開始する**ということ。1行目にテキストを入力したあと「行頭で改行をしたい！」と Enter を押すと、表全体が用紙の2行目にズレてしまうのです。

▶ **表全体がズレてしまうので1行目にはテキストを入力しない**

操作

差し込みラベルの作成

①差し込みデータ以外のテキストや画像を入力する

②最初の1枚目のラベルにデータを差し込む

（183ページの⑤〜⑦の操作と同じです）

③［差し込み文書］タブ→［文章入力とフィールドの挿入］グルー
プから［複数ラベルに反映］をクリック
（すべてのラベルに、同じフィールドを反映するための操作です）

④［結果のプレビュー］で確認

⑤完了から印刷する

Point

　内容やテキストに変更があった場合、必ず［複数ラベルに
反映］ボタンをクリックして更新しましょう。

「自力でデータの整理をする」のをやめなさい

～工夫を凝らしてフォーマット回収後の「後始末」を根絶する

Excel

表の作りはシンプルに、
機能はふんだんに

　第4章でも述べたように、フォーマットに情報を入力する側にとって一番大事なのは「入力のしやすさ」です。では、フォーマットを作成する側が一番大事なことは何でしょうか？

　それは、使用者がこちらの意図どおり**正しく情報を入力**してくれること。

「半角や全角が人によってバラバラ……統一しなきゃ」
「記載漏れがあるから、連絡して確認しないと」

　こういったミスやバラツキをなくせば、フォーマットを回収したあとの「他人の後始末」もなくなり、作業効率を格段に高めることができます。

　しかし、入力項目が多いフォーマットでは、ミスやバラツキは必然的に多くなってしまうものです。そこで、Excel の機能を使ってフォーマットを作成すれば、以下のように入力ミスを極限まで減らせます。

・入力規則で入力モードを制限する
・関数の自動表示で入力自体を減らす
・入力欄を強調し、入力漏れを防ぐ
・リスト選択で入力をかんたんにする

　このような機能を活用し、辛くて不毛な作業を根絶しましょう。

　ただし、関数の自動表示や入力制限を設定すると、どう入力をすればいいのか、がパッと見てわかりにくくなってしまいます。入力者側が「ちゃんと入力している（つもり）なのに、なんでエラーになるの！」とイライラを募

らせるフォーマットでは「入力しやすい」とは言えません。

そこで、こちらが機能を設定した意図を伝えるために、メモをつけたり、使用者がわかるエラーメッセージにしたりすることも欠かせません。「独りよがり」のフォーマットにならないように注意しましょう。

▶ Excel フォーマットの作成チェックポイント

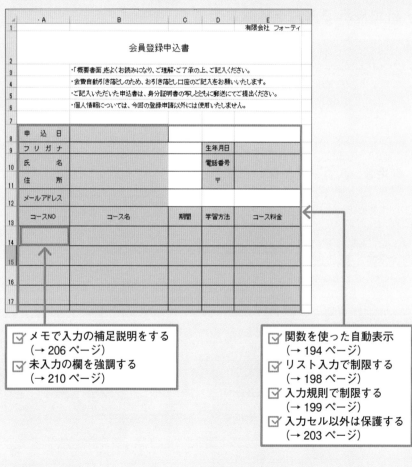

☑ メモで入力の補足説明をする
（→ 206 ページ）
☑ 未入力の欄を強調する
（→ 210 ページ）

☑ 関数を使った自動表示
（→ 194 ページ）
☑ リスト入力で制限する
（→ 198 ページ）
☑ 入力規則で制限する
（→ 199 ページ）
☑ 入力セル以外は保護する
（→ 203 ページ）

配布前の「入力制限」が勝負

自動表示で入力を極限まで省く

　入力者に「正しく」入力してもらう近道は、**入力そのものを極力減らすこと**です。そのためには、できるだけ関数を使って自動化する必要があります。本章では申込書の例から、自動表示できるセルとその実現方法を考えてみましょう。

▶ **使用者が入力不要なセル**

	設定	実現方法
氏名のフリガナ（B9）	B10（氏名）の入力による、フリガナの自動表示	第3章参照
コース名、期間、学習方法、コース料金（B14：E18）	VLOOKUP 関数の自動転記	本項で解説

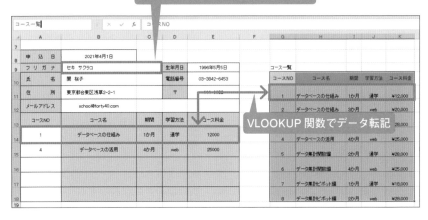

PHONETIC 関数でフリガナを表示

VLOOKUP 関数でデータ転記

ここでは、「コース NO」にデータを入力したら、関連情報を **VLOOKUP 関数**で自動転記する方法について、くわしく解説します。以下の手順で作成しましょう。

①検索元になる一覧表を作成

　あらかじめ自動表示させたい「コース一覧」を同じシートの右側に作成します。使用者はこのシートを確認しながら、「コース NO」を入力することになります。なお、このとき VLOOKUP 関数の検索値に当たる「コース NO」は表の1列目にくるように作成してください。

　作成したら、表全体を選択して、名前ボックスに「コース一覧」と入力し、名前を定義します。

②自動表示させたいセルで数式を組み立てる

　それでは、VLOOKUP 関数を使用して、データを自動表示させましょう。まずは「コース名」を表示させたい B14 セルを選択し、数式バーに次の数式を入力します。

=IFERROR(VLOOKUP($A14, コース一覧 ,2,0),"")

「もしも、VLOOKUP 関数の結果がエラーだったら空白にしてね、そうでなければコース一覧から A14 のコースを探してコース名を表示してね」という意味です。なお、[関数の引数]画面では、以下のように表示されます。

④コピーした数式を手直しして、数式を下にコピーする

　B14の数式を右にコピーしますが、列番号が「2」のままでは、以下のように「期間」～「コース料金」の列も「コース名」が表示されてしまいます。

12	メールアドレス	school@forty40.com			
13	コースNO	コース名	期間	学習方法	コース料金
14	1	データベースの仕組み	タベースの仕タベースの仕	データベースの仕組み	
15					

　コピーした数式の「列番号」を修正して、正しく表示されるようにしましょう。たとえば、期間が表示されるC14は、以下のように列番号を3に変更します。

=IFERROR(VLOOKUP($A14, コース一覧 ,3,0),"")

　同じように学習方法・コース料金の数式も修正します。数式を手直ししたら、B14 ～ E14のセルを選択して、まとめて下へ数式のコピーをして完成です。

B14			▼ : × ✓ fx	=IFERROR(VLOOKUP($A14,コース一覧,2,0),"")		
	A	B	C	D	E	F
13	コースNO	コース名	期間	学習方法	コース料金	
14	1	データベースの仕組み	1か月	通学	¥12,000	
15						
16						
17						
18						
19						

　上記の方法では、数式のコピーをする際、数式の列番号を手入力で修正しました。しかし、項目数が多くなると、いちいち修正するのが手間になってきます。そこで、数式に**MATCH関数**を組みこみましょう。すると、列番号を自動で変更させることができます。

ここでも数式をわかりやすくするために、あらかじめコース一覧の1行目（G10：K10）には名前の定義をしておきます（ここでは「項目名」）。

　B14セルで入力したVLOOKUP関数中の第3引数「2」を削除し、代わりに以下の数式を入力してください。

MATCH(B$13, 項目名 ,0)

　MATCH関数の引数の意味や［関数の引数］画面は、それぞれ以下のようになります。

第1引数 （検査値）	B$13	「コース名」が入力されているセルB13を指定します。このとき、右だけでなく、下にも数式をコピーするので、行番号がズレないように F4 を2回押して、行番号のみ絶対参照にします
第2引数 （検査範囲）	項目名	B13の「コース名」をどこから探すのかという範囲指定をします。 F3 を押して定義された名前の一覧から「項目名」を選択します（直接入力でもOK）
第3引数 （照合の種類）	0	完全一致で探したいため、0を入力します

B14セルの全体の数式は次のようになります。

=IFERROR(VLOOKUP($A14, コース一覧 ,MATCH(B$13, 項目名 ,0),0),"")

再度、右・下に数式をコピーすれば、以後列番号の修正は不要です。

「リスト」を使って入力を迷わせない

さきほど VLOOKUP 関数でデータの自動表示を設定しましたが、そもそも「コース NO」の入力にミスがあれば、もちろん自動転記はされません。「全社会人にやさしい資料」を作成するには、フォーマットを利用する方のPC スキルをとことん考える必要があります。キーボードが苦手な方にとっても使いやすいフォーマットを作成しましょう。

そこで、コース NO は**リスト入力**できるようにすれば、マウス操作ですみます。また、リストで表示されるデータ以外は入力することができないため、入力ミスもなくなります。

▶ **リストでデータを入力する**

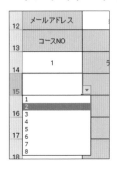

操作

リスト入力の設定

① リスト入力を設定したいセルを選択
② ［データ］タブ→［データツール］グループ→［データの入力規則］
　 ボタンをクリック
③ ［設定］タブから［入力値の種類］を［リスト］、［元の値］に選択肢
　 の範囲を設定し、OK ボタンで閉じる

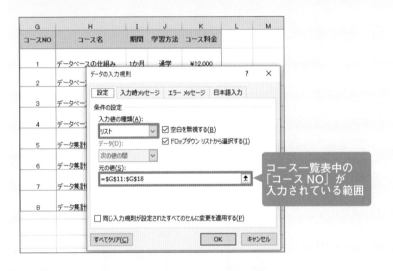

入力規則を使うなら、エラーメッセージも気を配る

　ここまで、入力ミス削減のために関数やリスト表示などで、できる限り手
入力を回避してきました。しかし、そうは言っても、やはり手入力が必要な
項目もあります。そんなときは**入力規則**を細かく設定して、手入力のミスを
減らしましょう。

操作

入力フォーマットに使える入力規則の設定

①入力規則を設定したいセルを選択

②［データ］タブ→［データツール］グループ→［データの入力規則］
　ボタンをクリック

③［設定］タブをクリックし、入力規則を設定（112ページや Point も参
　照のこと）

④ OK ボタンで閉じる

Point

　③では、以下のような［設定］例が考えられます。

▶「申込日」に入力できる期間を指定する

▶「生年月日」で明日以降の日付を拒否する

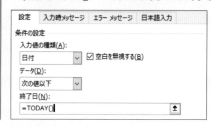

▶ 「郵便番号」や「電話番号」の文字数を制限する

　これで、入力を制限することができました！　しかし、入力規則を設定したときに1点気をつけなければならないことがあります。それは**入力拒否のメッセージ**です。条件にあわないデータを入力すると、下記のようなエラーメッセージが表示されます。

▶ 標準のエラーメッセージ

　このように表示されたら、入力した人は「なんでダメなの！」「じゃあ、どう入力すればいいの？」と思ってしまうでしょう。なぜ入力できないのか、どのように入力するのか、はキチンとメッセージで伝えることが大切です。そこで、エラーメッセージはデフォルトのままではなく、わかりやすい文章に変えましょう。

▶ 入力規則の意図が伝わるようにしよう

入力日制限　　　　　　　　　　　　×
❌　2021/4/1～2022/3/31までしか入力できません。
　　　再試行(R)　　キャンセル　　ヘルプ(H)

エラーメッセージの編集

① 入力規則を設定したセルを選択

② ［データ］タブ→［データツール］グループ→［データの入力規則］
ボタンをクリック

③ ［エラーメッセージ］タブをクリック

④ ［タイトル］と［エラーメッセージ］を入力し、OK ボタンで閉じる

Point

　ここで設定したエラーメッセージは「入力した後」に表示され
ますが、入力前に注意を促すメッセージを表示することもできま
す。

このように表示するには、[データの入力規則] 画面から、[入力時メッセージ] のタブをクリックして [タイトル] と [入力時メッセージ] を編集しましょう。

入力不要なセルを厳密に保護するには

　フォーマットを作成してきた中で、自動表示のために数式を組みこんだセルもあります。それに気づかず、使用者が誤って入力してしまうと、せっかく組んだ数式が消えてしまいますね。

　そんなことにならないように、手入力不要のセルはグレーで塗りつぶしていますが、それでもまだ足りません。「万が一」の事故は必ず避けたいところです。

　そこで、**シートの保護**をしましょう。任意のセルのみ入力できて、それ以外のセルに入力しようとすると、以下のメッセージが表示されます。

▶ 入力不可のメッセージ

シートの保護

①入力してほしいセルをすべて選択（離れたセルを選択する場合は、Ctrl を押しながら選択）

7				
8	申 込 日			
9	フ リ ガ ナ		生年月日	
10	氏 名		電話番号	
11	住 所		〒	
12	メールアドレス			
13	コースNO	コース名	期間	学習方法	コース料金
14					
15					
16					
17					
18					
19	会費引落口座			
20	銀 行 名			
21	支 店 名			
22	口 座 NO			
23	口座名義人			

②［セルの書式設定］画面を開く（Ctrl + 1）

③［保護］タブをクリックし、［ロック］のチェックを OFF にして OK
ボタンで閉じる

④［校閲］タブ→［保護］グループから［シートの保護］をクリック

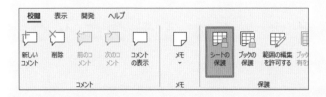

⑤パスワードを設定し（設定しない場合は、空白のまま）OK ボタンで
閉じる

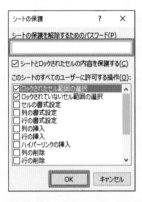

Point

　もし⑤でパスワードを入力すると下図の［パスワードの確認］
画面が表示されます。設定したパスワードを再入力して OK ボタ
ンで閉じてください。

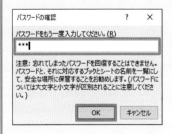

入力をサポートするテクニック

入力内容を補足する「メモ」をつける

　前節でエラーメッセージの編集をしました。しかし、そもそも誤った情報を入力したあとでエラーメッセージが表示されてしまうと、「もう一度入力しなおす」という手間が発生してしまいます。フォーマット入力者の立場になってみれば、入力の指定があるなら事前に言ってほしい、と思いますよね。そこで、「どこに何をどのように入力するのか」という説明は**メモ**で、ハッキリと伝えましょう。

「メモ」は通常、覚書としてさまざまな内容を入力しますが、本章で扱うフォーマットの場合は、使用者が入力しやすい説明を入力します。

▶ メモで入力の説明を補足する

　入力前の補足説明は203ページで説明した「入力時メッセージ」でも設定できます。しかし、入力時のメッセージはセルを選択するまで、どのセルに指示がわかりません。一方、メモの場合は次図のようにセルに赤いマークがつき、メモがあることを知らせてくれるのです。マークのあるセルにマウスをあわせれば、メモが表示されます。

▶ 赤いマークが、メモのあるセル

　この赤いマークは印刷されませんし、メモ自体も設定を変更しない限り、印刷されません。「印刷されたくないけれど入力時に伝えたいことがある」というときには、とても便利な機能です。

操作

メモの挿入

①メモを付けたいセルを選択し、 Shift ＋ F2 を押す
②セルに赤いマークがついて、メモの入力画面が表示される

③文章を入力する

④ほかのセルをクリックして、メモを設定したセルの選択を解除

Point

　セルにつけたメモの再編集、削除、表示／非表示は、セルを右クリックして、ショートカットメニューから選択できます（メモ

のあるセルを選択後、[Shift] + [F2] でも再編集可)。

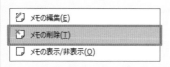

メモを印刷したい場合は、[ファイル] タブ→ [印刷] → [ペー
ジ設定] ダイアログの [シート] タブから設定します。[コメント
とメモ] の欄から選択しましょう。

　念には念を入れて、「赤いマークがメモのあるセルだと知らない方」のこ
とも考えましょう。そのような方は、メモを見過ごしてしまうかもしれませ
ん。メモに必ず目を通してほしいときには、次の操作で常にメモを表示しま
す。

メモを常に表示/非表示

- 1つのメモを常に表示/非表示:セルを右クリックして、ショートカットメニューの「メモの表示/非表示」をクリック
- すべてのメモを常に表示/非表示:[校閲]タブ→[メモ]グループ→[メモ]から[すべてのメモを表示]をクリック

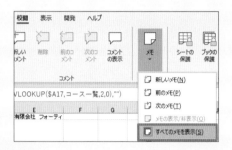

この時、メモが入力欄や項目に重なって、入力の邪魔にならないように、サイズ変更・移動しましょう。メモの周囲に表示される□をドラッグすればサイズ変更できますし、枠線にカーソルをあわせてドラッグすれば移動できます。

入力箇所や入力漏れがパッとわかるようにする

フォーマット回収後によくあるのが、

「必須項目に記載漏れがある！」

というケースでしょう。この場合、連絡をとって再度入力してもらうという手間が生まれてしまいます。「入力側が記載漏れしないように気をつければいいんだ」で片づけるのはかんたんですが、入力する人にもデータを回収する人にも「やさしい資料」の作成を考えるなら、入力欄はわかりやすく色づけしておくといいですね。

このとき、ただ必須項目を色で塗りつぶすのではなく、**条件付き書式**を活用しましょう。条件付き書式を活用すれば、セルが空白の時には塗りつぶしの色が設定され、データを入力すると塗りつぶしの色が解除されます。こうすることで、必須項目の入力抜けがすぐにわかるようになるでしょう。

操作

未入力セルを強調する条件付き書式の設定

①入力を必須にしたいセルを選択

②［ホーム］タブ→［スタイル］グループ→［条件付き書式］→［新しいルール］をクリック

③［新しい書式ルール］画面で、［指定の値を含むセルだけを書式設定］を選択

④下段の［次のセルのみを書式設定］の［セルの値］を［空白］に変更

⑤［書式］ボタンをクリックして、塗りつぶしから任意の色を選択

⑥すべて OK で閉じる

複数シートを使うなら「参照のしやすさ」にも注意

　コースの関連情報は「コース NO」だけ入力すれば自動表示されるように、195ページで VLOOKUP 関数の数式を組みました。入力する人は同じシート内の「コース一覧」の表でコース NO を確認し入力します。

　しかし、VLOOKUP 関数の検索範囲である元表のデータが多い場合は「別シートに一覧表を作成したい」というときもあるでしょう。別シートに作成しても問題ないのですが、入力者が一覧表に気づかず入力に戸惑ってしまうこともありえます。

　そこで、フォーマット中に**ハイパーリンク**を設定して「コース一覧」がすぐに参照できるようにしましょう。ハイパーリンクは、設定した文字をクリックすると指定したシートや範囲へジャンプして内容を参照できる機能です。

下図のようにハイパーリンクを設定したテキストは、自動的にフォントの色が変更されます。このセルにマウスをおくと、マウスポインタが手の形状になり、そのままクリックすれば別シートにジャンプします。

▶ コース一覧シートのハイパーリンクが設定されたセル

		111-0032	
		コース一覧参照	
間	学習方法	コース料金	

ハイパーリンクの設定

①ハイパーリンクを設定したいセルを選択

②［挿入］タブ→［リンク］グループ→［リンク］ボタンをクリック

③［ハイパーリンクの挿入］画面左の［このドキュメント内］を選択

④セル範囲の「コース一覧」（シート名）をクリック

⑤ OK ボタンで閉じる

Column

自分だけのネタ帳作成は
ハイパーリンクを活用

　本書は「資料作成」の本なので、資料作成におけるハイパーリンクの活用方法をご説明しました。しかし、ハイパーリンクは毎日の業務でもっと活用できる機能です。

　たとえば、仕事中に処理できないことがあると、書籍・ネットで調べたりすることがあるでしょう。ただし、せっかく調べたのに「やった、解決した！」でおしまいにして、その場限りになっていませんか？　時が経つにつれて解決方法を忘れてしまい、また調べなおしでは非効率です。

　そこで、調べた内容は Excel に忘れないよう入力しておきましょう。ワークシートに調査内容を記載していくことでネタ帳を作成することができますが、使いにくいネタ帳では長続きしませんね。必要な時にすぐに探せることが大切です。そこで、以下のようにネタ帳を作成しましょう。

①調べた内容をシートにわけて入力し、シート見出しに名前を付ける
②目次用シートを作成し、各シート名をタイトルとして入力
③目次用シートのタイトルに各シートへのハイパーリンクを設定する

　このように、シートを追加してネタを書き込んだら目次用シートにタイトルを入力してハイパーリンクを設定することで、目次からすぐに目的のネタを表示することができます。また、目次で一覧できるので重複して記載するムダも防ぐことができます。

▶ ハイパーリンクを設定した目次用シート

▲	A	B
1		
2	1	ショートカット一覧
3	2	IFS活用例
4	3	二軸グラフ作成方法
5	4	データの入力規則設定方法
6	5	表示形式の設定例
7	6	空白削除（関数）
8	7	windowsショートカット

クリックすると
別シートにジャンプ

◀ ▶ | 目次 | windowsショートカット | シ

　これで、見たいシートをすぐに開くことが出るようになります。Excelに関するネタだけではなく、保存しておきたいネット記事の一部などもどんどんシートに貼り付けておくといいでしょう。ちなみに、ネット記事などのキャプチャをとりたいときは、Excel内の**スクリーンショット**機能を活用すると、いちいち画像を保存して挿入する手間が省けます。

操作

スクリーンショットによる画面のキャプチャ

①［挿入］タブ→［図］グループ→［スクリーンショット］をクリック
②「画面の領域」をクリックすると、Excelの直下にあるウィンドウが白くなる

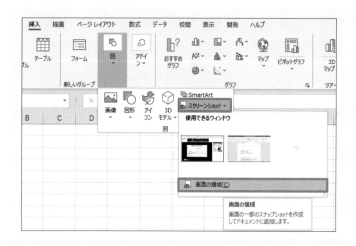

③切り取りたい部分をドラッグすると、自動的にワークシートに
貼り付く

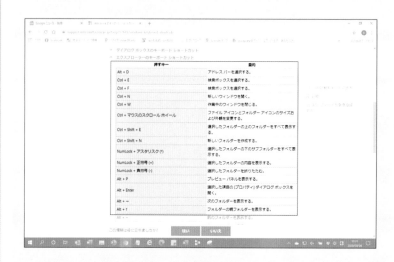

Column

完成したExcel資料を印刷する

　完成したExcel資料を印刷するとき、「不要な部分も印刷される」ということはありませんか？　たとえば、本章で作成してきた申込書をそのまま印刷しようとすると、同じシート内に作成した「コース一覧」の表（VLOOKUP関数の元表）も一緒に印刷されてしまいます。これを避けるためには、「印刷したい部分だけ、別シートにコピー＆貼り付けする」という手もありますが、わざわざ抜き出す手間がたいへんです。

　ワークシート単位で印刷しようとすると、このようにムダが多くなってしまいます。そこで、任意の範囲で印刷できるようになれば便利です。

操作

任意のセル範囲を印刷

① 印刷したい範囲を選択する

② ［ファイル］タブ→［印刷］をクリック

③ ［設定］→［作業中のシートの印刷］を［選択した部分を印刷］に変更

さらに、あなたが作成したフォーマットを再編集者や使用者が印刷する可能性があるなら、作成後に印刷範囲をこちらで設定しておきましょう。こうしておけば、だれでもフォーマット入力後の印刷がかんたんにできます。

印刷範囲の指定

①印刷したいセルを選択する
②[ページレイアウト]タブ→[ページ設定]グループ→[印刷範囲]→[印刷範囲の設定]をクリック

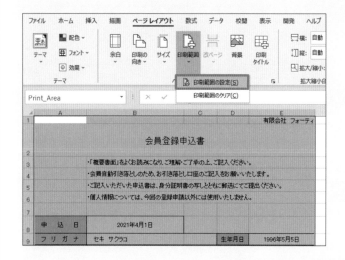

③[ページ設定]グループの右下にある「ページ設定」ダイアログのボタンをクリック

④[余白]タブ→「ページ中央」の［水平］［垂直］両方にチェックを入れ OK ボタンで閉じる

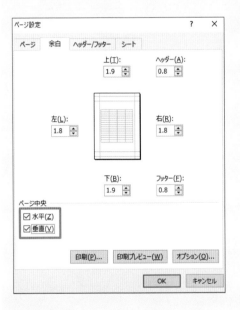

Point

④で「水平」にチェックを入れることで、A4用紙の左右中央に表が印刷されます。また、「垂直」にチェックを入れることで、上下中央に印刷されます。

印刷プレビューをクリックして、思い通りに印刷されるか確認しましょう。もし、列や行がページからはみ出している場合は、［ファイル］タブ→［印刷］から、縮小拡大の設定を［シートを1ページに印刷］に変更することで、縮小できます。

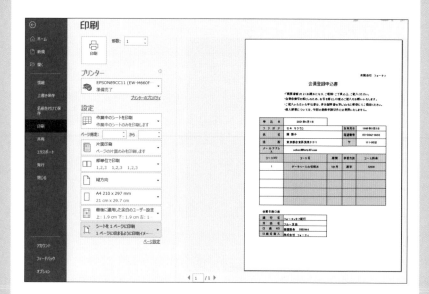

おわりに

「学びのきっかけ」は些細なことから

　遠い昔、外国映画の中で英文タイプをカシャカシャと叩いている女優を見て「カッコイイ！」と思った私は、いとこに借りた赤いタイプライターで意味もなくタイピングの練習をしました。おかげで「体で覚えたことは忘れない」というように、数年後にパソコンをはじめたときもタイピングだけはしっかりとできていました。とりあえず、チャチャチャッと入力ができるとカッコがつくものです。

　ところが、タイピングだけできてもパソコンを使えるわけではありません。その後パソコンを購入し、はじめてExcelを開いた時には、どこに文字を入力すればいいのかもわからず「見なかったことにしよう……」と3秒くらいで画面を閉じてしまいました。

　本屋さんでマニュアル本を購入し、書いてあるとおりに操作をしても同じにならない。サポートに電話してもなかなかつながらず、やっとつながったかと思うと「それはですねぇ、ツールバーが表示されていないから同じボタンがないんですよ。○○のボタンをクリックしてください」と、ほんの数秒で終了。そんな苦労をしながら、どうにかワープロソフト（当時は一太郎でした）が使えるようになったころ「このままではラチあかん！」と思い、もっとパソコンを効率よく勉強できないものか、さらにはお金をかけないで勉強ができる方法はないものかと考え、パソコンスクールのインストラクターの面接を受けたのです。そして「パソコンは勉強すればだれでも使える。大事なのは愛嬌です」といわれ、Excelもできないのに運よくインストラクターになりました。ところが、そこからたいへんな日々がはじまったのです。

遠回りでも「学ぶ苦労」はきっと報われる

　マンツーマンの授業スタイルのスクールだったため、テキストにないこと

を質問されると答えられない。だから、テキスト以外のことを質問されないように授業を進める。最初のころは、授業をするたびにドキドキと心臓が飛び出しそうでした。

授業の合間や自宅で本を読みあさり、先輩インストラクターには質問攻めで、本格的にパソコンの勉強がはじまりました。このころお世話になった本は『日経パソコン』（日経 BP 社）です。

私が数か月かかって覚えたことも、ちゃんとお金を払ってスクールにくる方は数週間でマスターしていきます。そんなもんです。邪な気持ちでインストラクターになった自分が恥ずかしかったです。でも、自分が苦労したぶん「できない方がどこでつまずくか」「どんな疑問を持つか」がわかる気がしています。近道よりも遠回りしたほうがよいこともあるのかなと。

どんな立場でも「わからない」を認めるのは大事

自分で独立してスクールを開校したころ「何を聞かれても答えられなくてはいけない！」と自分を苦しめた時期もありました。企業研修に行くときは、研修内容のほかに「この機能を説明したらこんな質問がくるかもしれない」といろいろな方向から「くるかもしれない質問」を考え、答えを準備して臨んでいました。だから、答えられない質問がきたときの落ちこみようは半端なかったです。

あるとき、「いやぁ。なんでも答えられる人なんているわけないじゃん！」と開き直れたとき、とても気持ちが楽になり研修が楽しくなりました。

「すみません、調べてメールします」

このひと言が言えるまでに数年かかったのです。そして、必ず返信をすることで、いただいた質問の1つひとつが私の「知識の仕入れ」となっています。

だれもが円滑に仕事できる資料作成方法を習得しよう

　たくさんの方とパソコンを通じて触れ合っていく中で、みなさんが困っていることには共通点が多いことに気づきました。業種によって、部署によって、役職によって Word や Excel の使い方は異なっても、仕事で使用することに変わりありません。大半の方が「資料の作成方法がバラバラでソフトの機能が活用されていない」ための戸惑いでした。

・無理やりつじつまを合わせて作成し、再編集のことまで考えていない
・資料を使用する人が困るかも……なんて、考えたこともない

というように、とりあえず作成すれば「自分の仕事は終了」という感じです。そんな資料がグルグルと社会の中を駆け巡り、資料共有者のイライラを募らせているということです。

　前書籍では、社会人としての資料作成スキルのスタートラインを提案しました。さらに今回の書籍で「他人の後始末」をさせない資料作成を目指していただきたいです。書籍のタイトルは「〜はやめなさい」ですが、私の気持ちは「〜はやめてほしい！」という切なる願いです。

　それは、社会人の資料作成スキルが上がれば、いろんな意味で企業の利益は**確実に増える**と思っているからです。そして、その手助けをするのが私たちの仕事だと信じて続けているからです。

「あれもこれも紹介したい！」と機能もりだくさんで書いてしまう原稿から、スパッスパッと情け容赦なく削除と修正を加えていく担当編集者の佐久未佳さん。前回に続きお世話になりました。

　たくさんの方に支えられ、今回の書籍ができあがりましたことにお礼申し上げます。また、この本を手にしてくださった方々には、あふれるほどの書籍の中からの出会いに感謝いたします。

2021年3月21日　四禮　静子

次に読破したいおすすめ書籍一覧

ビジネススキルアップ

・『図解 テレビに学ぶ 中学生にもわかるように伝える技術』
著：天野暢子、刊行2015年、ディスカヴァー・トゥエンティワン

　資料作成で大切な「いかに少ない情報で多くのことを伝えるか！」という
コツがぎっしり詰まっています。数字の使い方、文字よりマークで表現する
意味、2秒で認識できる文字数など、すぐに実行できるテクニックが書かれ
ているので、一読の価値ありです。

・『武器としての図で考える習慣　－「抽象化思考」のレッスン』
著：平井孝志、刊行2020年、東洋経済新報社

　アプリケーションはあくまでツールでしかないので、WordやPowe
Pointの編集テクニックを覚えるだけでは表現できません。その前の作業と
して、考えを具現化するテクニックや図で思考を整理する方法などが参考に
なります。まずは、紙とペンで。

・『入社1年目の教科書』

　著：岩瀬大輔、刊行2011年、ダイヤモンド社

「仕事」への取り組み方が著者の経験にもとづき紹介されている本です。時代とともに仕事の進め方は変化しても、「仕事」に対する根本的な考え方は変わらないはず。入社1年目の新社会人に限らず、今の自分をふり返る意味で何度でも読み返せる本だと思います。

- 『**VBA エキスパート公式テキスト Excel VBA ベーシック**』
- 『**VBA エキスパート公式テキスト Excel VBA スタンダード**』
  著：田中亨、刊行2019年、オデッセイコミュニケーションズ

「業務の作業効率を上げたい」と考える方におすすめするのは、VBA の入門書です。VBA の構文をネットから探して編集して……という勉強方法もありますが、きちんとキホンの仕組みから理解するなら、この本がおすすめです。

- 『**たった1秒で仕事が片づく Excel 自動化の教科書【増強完全版】**』
  著：吉田拳、刊行2020年、技術評論社

　田中亨先生の『Excel VBA ベーシック』を勉強した後、実践的な VBA の使い方を学習するのにおすすめの書籍です。くり返し、くり返し掲載されているコードを書いて覚えるといいと思います。

・『**Word のムカムカ！が一瞬でなくなる使い方　〜文章・資料作成のストレスを最小限に！**』

著：四禮静子、刊行2016年、技術評論社

　手前味噌ですが、Word の機能がたくさん掲載されています。「日常業務の中でこんなことができない、どうする？」という素朴な疑問の"なぜ？"を掲載しています。体系的に学習する本ではありません。特に Word に特化した業務をしているわけではないけれど、Word も Excel もふつうに使っている方が対象です。人によってムカムカポイントは異なると思いますが、より多くの方がつまずきやすい機能を掲載したつもりです。

ショートカットキー一覧

ソフト共通

上書き保存	`Ctrl` + `S`
名前を付けて保存	`F12`
元に戻す	`Ctrl` + `Z`
やり直し	`Ctrl` + `Y`
くり返し	`F4`
すべて選択	`Ctrl` + `A`
離れた箇所の選択	`Ctrl` ＋クリック（またはドラッグ）
連続データの選択	`Shift` ＋最後のデータをクリック
コピー	`Ctrl` + `C`
図形を水平／垂直にコピー	`Ctrl` + `Shift` ＋ドラッグ
切り取り	`Ctrl` + `X`
貼り付け	`Ctrl` + `V`
左右対称の図形を描画	`Shift` ＋ドラッグ
カタカナ変換	`F7` （1回ごとに右からひらがなに戻る）
アルファベット変換	`F10` （1回ごとに小文字→大文字→頭文字大文字をくり返す）
ひらがな変換	`F6` （1回ごとに左からカタカナに変換）
郵便番号（入力確定前）を住所に変換	`Space` （or `変換` ）で変換
住所（入力確定後）を郵便番号に変換	住所を選択し、`変換` で変換

リボンの ショートカットキー表示	`Alt`
「検索と置換」の設定を表示	`Ctrl` + `H`
印刷プレビューの表示	`Ctrl` + `F2` （`Ctrl` + `P`）
文書校正	`F7`
太字	`Ctrl` + `B`
斜体	`Ctrl` + `I`
下線	`Ctrl` + `U`

Word

改行	`Enter`
段落内改行	`Shift` + `Enter`
タブ入力	`Tab`
表中にタブ入力	`Ctrl` + `Tab`
改ページ	`Ctrl` + `Enter`
スタイル区切り	`Ctrl` + `Alt` + `Enter`
レベルを上げる （アウトライン入力）	`Shift` + `Tab`
レベルを下げる （アウトライン入力）	`Tab`
段落順序を上に移動	`Alt` + `Shift` + `↑`
段落順序を下に移動	`Alt` + `Shift` + `↓`

文書の先頭へ移動	`Ctrl` + `Home`
文末へ移動	`Ctrl` + `End`
編集記号の表示／非表示	`Ctrl` + `Shift` + `(`
フィールドコードの 表示／非表示	`Alt` + `F9`
フィールドコードの更新	`F9`
スタイルの一覧表示	`Ctrl` + `Shift` + `Alt` + `S`
段落の中央揃え	`Ctrl` + `E`
段落の右揃え	`Ctrl` + `R`
段落の左揃え	`Ctrl` + `L`
段落の両端揃え	`Ctrl` + `J`
文字の均等割り付け	`Ctrl` + `Shift` + `J`
フォントサイズ（大）	`Ctrl` + `Shift` + `>`
フォントサイズ（小）	`Ctrl` + `Shift` + `<`
書式のクリア	`Ctrl` + `Space`
音声読み上げの起動	`Ctrl` + `Alt` + `Space`

Excel

アクティブセルを下に移動	`Enter`
アクティブセルを 右横に移動	`Tab`

アクティブシートの切り替え（左）	Ctrl + Page Up
アクティブシートの切り替え（右）	Ctrl + Page Down
ジャンプ	Ctrl + G
セル内改行	Alt + Enter
セル末尾にカーソル表示	F2
$ の入力	F4
同一列内のデータをリストから入力	Alt + ↓
A1を選択	Ctrl + Home
列全体を選択	Ctrl + Space
アクティブセルより下をすべて選択	Ctrl + Shift + ↓
選択した列・行の削除	Ctrl + −
選択した列・行の前に挿入	Ctrl + +
選択した複数セルのうち、先頭行のデータを同じ列にコピー	Ctrl + D
選択した複数セルのうち、先頭列のデータを同じ行にコピー	Ctrl + R
現在時刻の自動入力	Ctrl + :
現在日付の自動入力	Ctrl + ;
合計の自動入力	Alt + Shift + =
値貼り付け	Alt → H → V → V

フィルターの設定	Ctrl + Shift + L
テーブルの作成	Ctrl + T （Ctrl + L）
メモの追加	Shift + F2
関数の挿入ダイアログの表示	Shift + F3
セルの書式設定の表示	Ctrl + 1
定義された名前の一覧表示	Ctrl + F3

そのほか便利なショートカットキー

ファイル名の変更	ファイルをクリックして F2
アクティブウィンドウの切り替え	Alt + Tab
スタートメニューの表示	⊞
デスクトップの表示	⊞ + D

索引

さ行

四禮　静子（しれい・しずこ）

有限会社フォーティ取締役。日本大学芸術学部卒業。CATV の制作ディレクター退職後、独学でパソコンを学び、下町浅草に完全マンツーマンのフォーティネットパソコンスクールを開校し20周年を迎える。講座企画からテキスト作成・スクール運営を行う。

1人ひとりにあわせたカリキュラムを作成し、スクール会員数は初心者からビジネスマン・自営業の方まで2000人を超える。

その他、行政主催の講習会や企業にあわせたオリジナル研修・新入社員研修など、すべてオリジナルテキストにて実施。

PC 講師だけでなく、Web 制作企画や商店の業務効率化のアドバイスなども行う。

著書に『スペースキーで見た目を整えるのはやめなさい』『Word のムカムカ！が一瞬でなくなる使い方』『ストレスゼロの Windows 仕事術』（技術評論社）、共著に『ビジネス力がみにつく Excel & Word 講座』（翔泳社）などがある。

ホームページ：https://www.fortynet.co.jp/

[お問い合わせについて]

本書に関するご質問は、FAX か書面でお願いいたします。電話での直接のお問い合わせにはお答えできません。あらかじめご了承ください。
右記の Web サイトでも質問用フォームをご用意しておりますので、ご利用ください。
ご質問の際には以下を明記してください。

・書籍名
・該当ページ
・返信先（メールアドレス）

ご質問の際に記載いただいた個人情報は質問の返答以外の目的には使用いたしません。
お送りいただいたご質問には、できる限り迅速にお答えするよう努力しておりますが、お時間をいただくこともございます。
なお、ご質問は本書に記載されている内容に関するもののみとさせていただきます。

[問い合わせ先]

〒162-0846　東京都新宿区市谷左内町21-13
株式会社技術評論社　書籍編集部
『エクセル方眼紙で文書を作るのはやめなさい』係

FAX：03-3513-6183
Web：https://gihyo.jp/book/2021/978-4-297-12044-3

装丁	西垂水敦・市川さつき(krran)
本文デザイン	二ノ宮匡(nixinc)
DTP	技術評論社制作業務課
編集	佐久未佳

エクセル方眼紙で
文書を作るのはやめなさい
〜「他人の後始末」で、もうだれも苦しまない
資料作成の新常識

2021年 4月27日　初版　第1刷 発行

著者	四禮静子
発行者	片岡巌
発行所	株式会社技術評論社
	東京都新宿区市谷左内町21-13
	電話　03-3513-6150　販売促進部
	03-3513-6166　書籍編集部
印刷・製本	日経印刷株式会社

ISBN978-4-297-12044-3　C0034
Printed in Japan